男女平等への道

古舘　真

明窓出版

まえがき

これまで性差別に関しては、「男が加害者で、女が被害者」と言われてきた。しかし、私は男に生まれて得したと思った事は一度もない。恐らく、そのように思っている男性は、私以外にも大勢いるだろう。

私は欧米のフェミニズムに対しては高い評価をしている。しかし、日本でフェミニストと称している女性には似非フェミニストもいる。本来、フェミニズムの目的は男女平等であった筈だ。それが、損をした女性の愚痴や金儲けの手段、あるいは男性に対する復讐になっているような極端な例が見受けられる。女性の解放は目的から外れ、女性学自体が存在目的になってしまった例もある。

私は、女性の解放が男性の解放につながり、男性の解放が女性の解放につながると思っている。両方を同時に進めなければ意味がない。怖いおばさんが喚くだけでは、何の解決にもならない。

本書では「男が王様で、女が奴隷であった」という説の間違いを分かり易く説明する。

目次

まえがき 3

第一章　性差別の要因

年齢 7　性格 10　能力 12　嗜好 15

第二章　フェミニストの勘違い

男が得で女が損か 18　女性の就職難と性差別 22　男は保守的か 26

男性並みに働く 29　企業戦士という名の企業奴隷 32

サイレント・マジョリティー 36　四民不平等 39　日本女性の複雑な立場 41

男の陰謀説と女の陰謀説 44

第三章　男らしさと女らしさ

石器時代の名残 48　不自然な役割分担 50　男が女を守る 53

女の子に優しくする理由 56　お酌と一気飲み 58

第四章　女性の責任
女性議員の少ない理由 61　卵が先か鶏が先か 64　被害者意識だけでは駄目 67
弱者の定義 70　弱者の横暴 73　逆差別を許すな 76
男女平等と女性差別反対の違い 78　閉鎖的な女性団体 81
第五章　フェミニストの不可解な主張
強引な解釈 84　セクハラの定義 87　平均値の平等が目的か 90
女性学のための女性学 94　なぜ、男は連帯責任なのか 97
男性の仕事と家事 100　非現実的な痴漢対策 103
第六章　差別する側とされる側
女性に対する暴力 106　敏感な被害者と鈍感な加害者 110　デッド・ロック 113
女の敵は女、男の敵は男 115　同性からの被害 118　思想と経験 121
夫と妻、母親と息子 124　支配する側の辛さ 126　何に対する差別か 128
第七章　男性の問題点
職場の花と毒 131　お茶くみは誰のため 133　女性に対する思いやり 135

女性上司とヒステリー 138
飾り物なら意味が無い 141
文化や肉体差という言い訳 143
社員をいじめる企業 146
中高年男性に対する処遇 148
第三の男 151

第八章　女性の社会進出による男性のメリット

主夫志願男性の解放 155
競争力の向上 157
男性の負担減 160
年上に憧れる男性 162

第九章　女性解放のための対策

権利と責任の明確化 166
保護の廃止 169
おまけの無駄 171
ＳＯＨＯの可能性 173
男性の使い方 176
大学の意識改善 178
馬鹿ＯＬの排除 181
男女の休暇数を揃える 184
ローテーション制 186

あとがき 189

第一章　性差別の要因

年齢

性差別というのは非常に複雑だ。ある面では男性が損しているし、ある面では女性が損している。個人の性格や身体能力や年齢などによって、性別による損得には個人差がある。

中でも、代表的な性差別の要素として、年齢による差別が挙げられる。日本の社会では、男性の場合は年齢が高くなるほど優遇される傾向があり、女性の場合は若い方が大事にされる。男女で正反対の関係になっている。これは一般論であり個々については必ずしも当てはまらない場合もあるだろう。日本の家庭では姑による嫁いびりが伝統的に存在したし、会社ではお局様と呼ばれる古参の女子社員が幅を利かせているような話を聞く事もある。

しかし、一般的な傾向としては男社会の方が女社会より年功序列の傾向が強く、上下関係が厳しい事が多いと思われる。

政治家や経営者や大学教授など、社会的地位の高い職業には男性が圧倒的に多いし、収入の平均値は男性の方が高い。そのような事を根拠に、日本を「男中心社会」などと決めつける女性が少なくないが、正確に言うと日本社会の実態は、「じじい中心社会」だ。日本の社会では、若い男性はあまり大事にされない場合が多い。「じじい」も男だから、「男中心社会」という言い方は必ずしも間違っていないが、決して、全ての男性が大事にされている社会というわけではない。

このことは性差別と大きな関係がある。

戦後の日本の企業では終身雇用と年功序列が大きな柱となっていた。終身雇用については「実際には、終身雇用というものは存在しなかった」という説もある。それはともかくとして、日本企業では社員を簡単に解雇できないシステムになっている。男性の場合、若い頃は会社や大学などで過酷な扱いを受ける。若い男子社員の給料は安く、残業や休日出勤があって当たり前といった厳しい扱いを受ける。上司や先輩から鉄拳制裁を受ける事だって珍しくない。その代わり、年数が経過する毎に給料や地位が高くなり、次第に楽ができるようになるというのが慣例だった。

それに対して女性の場合は、若い頃は比較的大事にされる。「女の子に乱暴してはいけない」とか「女の子に優しくしなければならない」などと言われた経験のある男性は少なくないだろう。若い女子社員は、男子社員と比べて残業時間も短いし、上司から怒鳴られる事や鉄拳制裁を受ける事もあまりない。仕事上の失敗についても男子社員が失敗した場合ほどには厳しく叱られない場合や、いい加減な仕事をしてもあまり怒られない事が多い。その反面、中高年の女子社員は男子社員から、「ばばあ、さっさと辞めろ」などと露骨な嫌がらせを受ける場合が少なくないし、職場に居づらい雰囲気がある。法律的にも日本では中高年の女性は中高年の男性より不利な場合が少なくない。

このように中高年に限って言えば、日本は確かに男中心社会と言えるかもしれない。しかし、社会全体として見ると必ずしもそうとは言えない。若い世代では、むしろ、日本は女中心社会だという事もできる。

女性解放を進める上で非常に重要な事は、若い男性を会社の奴隷状態から解放する事だ。男性は必ずしも新入社員の頃から会社の奴隷になることを好んでいるわけではない。この事に対して、「そんなのは自分で解決すべきじゃないの」と冷淡な態度をとっているフェミニストもいる。

しかし、これはそんなに簡単に解決できる事ではない。

一人で解決できるようなことだったら、多くの男性がとっくに実行しているだろう。会社の横暴に対して一人の社員ができる抗議行動は、せいぜい会社を辞めることくらいだ。上司を殴ったり辞表を叩きつけてみたりしたところで、大きな会社にとっては痛くも痒くも無い場合がほとんどである。転職しても就業条件は更に悪くなる可能性の方が高い。ブリジストンの元社員が強引なリストラに抗議して、社長室で切腹自殺をする事件があった。残念ながら、一人の男子社員では、そのくらいしか会社や社会に対してアピールする方法が無いのが現状だ。しかし、このやり方はどう見ても異常であり、好ましくない。

強力な労働組合を復活させ、若い男性を会社の奴隷状態から救う事が女性の解放にとってても必要だ。

性格

性格に対する好みは人によって違いがあるが、日本の社会で一般に好まれている性格は、男性に対する場合と女性に対する場合とでは大きく違ってくる。

男性では、「勇ましい、活発、外交的、積極的、決断力がある、はっきりしている、小さな事で悩まない」というような力強く躍動感のある性格の持ち主が好まれる傾向がある。また、「俺について来い」といったリーダーシップが求められる事も多い。男性の場合は、大人しい人や優柔不断な人が女性の場合より損をする傾向が強い。

それに対して、女性では、「大人しい、控えめ、繊細、やさしい、従順」というように、どちらかというと物静かで、男性に従順な性格の人が好まれる傾向がある。女性は男性と比べて、優柔不断でも、あまり責められない事が多い。また、男性に対してリーダーシップをとるタイプの女性が好まれない傾向がある。

「男は男らしくしなければならない」とか「女は女らしくしなければならない」という考え方は間違い無く性差別的思想なのだが、男性と女性のどちらかが常に得あるいは損をしているというわけではない。その点が日本の社会に存在する在日アジア人やアイヌや部落民に対する差別のような、一方的な差別との大きな違いでもある。内気で大人しく虚弱な男性が元気で力強く振舞う事を強要されるのと、お喋りで活発で逞しい女性が大人しく控えめに、じっとしている事を強要されるのとではどちらがより辛い事であるのかは簡単には比較できない。また、それを比較する事自体あまり意味が無い。

そもそも何故、「男はこうでなければならない」とか「女はこうでなければならない」という妙な決まり事を押し付けられるのだろうか。それは恐らく、石器時代の名残だと思われる。石器時代には男女がそれぞれこのような性格をしている事が好ましかったのだろう。

性格による損得というのは男女別の収入格差などのような数値に換算しづらい事もあり、分かりづらいために見過ごされがちだ。しかし、これは性差別における非常に重要な要素でもある。気の弱い男性の中には仕事中に、怒鳴られたり、殴られたりするくらいなら、給料が半分に減らされても構わないから、もっと人間らしい扱いを受けたいと思う男性がいる。外で働くより家の中にいたいという内向的な性格の男性もいるだろう。

また、プライドを傷つけられた痛みは金では計れない。宴会で、嫌なのにお酌を無理やりさせられるような精神的苦痛と無理やり酒を飲まされる肉体的苦痛とではどちらがより苦痛であるかは、人や状況によって違うので簡単に比較できない。

また、中には、「私について来なさい」というような押しの強いタイプの女性や、引っ張ってくれるタイプの女性を好む男性もいる。年上の女性に甘えたいと思う男性もいるだろう。

そういう男性にとっては、日本は不利で居心地の悪い社会だ。

　男性の場合、大人しい人や内向的な性格の人が差別されやすいという事が、非常に不利な要素になっている。内向的な性格の人は自己主張するのが苦手な場合が多い。そのため、なかなか男性の側から、「男性を解放しよう」という声が上がりにくい。それが、男性解放運動が盛り上がりに欠ける事の一因になっているし、「男性が男女関係について保守的である」と女性から思われる理由にもなっている。また、女性がそのような男性に対して同情的でなかっただけでなく、男性自身もそのような男性を苛める事が多かった。

　場合によっては、金銭的な損得勘定より、性格による損得の方が重要な事もある。

能力

　能力に関する性別ごとの役割分担としては、一般に男性が力仕事をさせられる場合が多い。日本の社会に限らず、多くの国で力仕事は男性の仕事と考えられているようだ。職場についていうと、屋外の仕事は男性の仕事とされる事が多い。また、企業や大学などでの頭脳労働は、女性より男性が担当する場合が多い。

　逆に、お茶汲み、皿洗い、裁縫といった手先を使うような細かい仕事や屋内でやる仕事は女性向きとされる事が多い。日本には、「女性には重労働はさせない」というような暗黙の了解がある。

男性は逞しくなければいけないと言われて来たし、今でもそのように考える人は少なくないが、一般的に、女性にはあまり力強さが求められない。むしろ、屈強である事より、ひ弱である事が女らしくて好ましいとすら感じる男性もいるようだ。「男が力仕事を担当するのは当たり前だ」という考え方は、力の強い男性にとっては大した事ではないかもしれないが、肉体労働を苦手とする非力な男性にとっては苦痛だ。

逆に、建設工事現場での女性鉄筋工の出現に見られるように、従来男性が担っていた肉体労働の分野への進出を希望する女性も存在する。ＯＬがやっているお茶汲みのような形式的な仕事より、屋外で力仕事をする方がやりがいがあると考える女性も現れた。従来、男性の仕事と思われていた分野の職業に女性が進出する事に対して、「男の仕事が奪われる」といった男性の嘆きも聞かれる。

これからは「肉体労働は男の仕事」あるいは「裁縫は女の仕事」というように性別によって仕事の分担を決め付けないで、男女共に自分が好きな仕事をやってみたらどうなのだろう。オフィスでも男子社員が力仕事をするように命じられる事が多いが、「力仕事は男の仕事だ」と決め付ける必要は何もない。職場の中に暇を持て余して遊んでいる女子社員や頭脳労働を苦手とする女子社員がいたとすれば、その人に力仕事をさせたらどうだろうか。

女性には男性と比べて理系の人が少ない。そのせいか、女性は先天的に文系に向いていると思われがちだが、女性に文系の人が多いのは後天的な要因が含まれている可能性が高い。

女流作家というのは昔から少なからず存在した。これは、作家という職業は、家の中でも仕事ができるという事が大きな理由の一つだと思われる。理系の学問は主婦にはあまり必要ないかもしれないが、語学の場合は主婦であろうと必要とされる場合が少なくない。例えば、外交官の妻の場合、専業主婦だからと言って外国語が話せなくても構わないという事にはならない。それに対して、理系の仕事の中には、自宅で出来る仕事というのは少なかった。「女は家庭」という発想が、理系の女性が少ない事の一因になっていると思われる。「男は仕事、女は家庭」という決まり事が、そうさせているのではないか。

また、日本では女性の場合、仕事に関する能力や意欲が高い人ほど損をする傾向が強い。日本の社会では、女性のみならず男性もまた、天才的な能力を持った人物が出世しづらいという傾向はあるし、能力による給与や地位の差は付きにくい。

女性では男性よりさらにその傾向が顕著だ。女性同士で比較した場合、仕事に対する能力や意欲が高い女性が損をして、能力や意欲の低い女性が得をしているという傾向が特に強い。政治家、官僚、経営者、技術者などを目指すキャリア志向の女性にとって、日本はとても働きにくい国だ。しかし、雑用をする能力しかない女性や仕事に対する意欲の低い女性にとって、日本は極めてありがたい社会だ。

また、男性の中には女性に高い能力や意欲を求めないだけでなく、むしろ、優秀な女性の存在を喜ばないような人も少なからず存在する。

能力に関する性差別については一概に男性と女性のどちらが損をしているか得をしているかは決められないのだが、現在の日本社会のシステムは能力や意欲の低い女性を大量に作り出すような極めて愚かなシステムだ。能力に関する性差別については、直ちに改めなければならない。

嗜好

これは日本だけにある考え方かもしれないが、飲食物に対しては、酒や辛いものは男性的で、甘いものは女性的というイメージがある。喫煙については、「煙草を吸う女は嫌いだ」といった意見を述べる男性も少なくない。

日本では、大学や会社などの飲み会で飲酒を強要される事が少なくない。特に男性は飲酒を強要される事があるが、女性の場合は飲酒を強要される事は少ない。酒が大好きでいくら飲んでも平気という男性にとっては、ただで酒が飲める機会が多いから、非常にありがたい社会かもしれない。しかし、酒が嫌いな男性にとっては地獄の苦しみを味あわされる。

嗜好は年齢、性格、能力などのような他の性差別の要因と比べると、第二義的な事と考えられがちだ。「嗜好による損得など、取るに足りない事だ」と考える人もいるかもしれない。しかし、人や場合によっては、これが死活問題になる事もあり得る。

例えば、酒に弱い人にとって、飲酒を強要される事は大きな恐怖だ。酒を飲みすぎて死亡した人は過去に大勢いるし、死なないまでも、下戸にとって飲酒は大いなる苦痛だ。日本では付き合いには酒が付き物だが、酒が嫌いな男性は他人との付き合いが疎遠になってしまいがちだ。逆に、大酒を飲める男性は大いに好まれ、良好な人間関係を構築しやすい。人間関係をことのほか重視する日本社会では、酒飲みが出世についても有利になる場合が少なくない。

このように、男性には酒飲みが有利で、下戸が損をするという傾向がある。しかし、女性は一般的に飲酒を強要される事が男性より少ないので、飲めない人が著しく損をしたり苦痛を味わったりする事はあまりない。

日本には、「酒が飲めない男に仕事ができる筈が無い」と言う人が少なからず存在する。実際、日本の社会では酒の飲めない男性は仕事の成績が低いという傾向があるようだ。これは、「酒飲みが優秀」とか「酒を飲めば仕事ができるようになる」という事では決してない。「酒が飲めない男を、男として認めたくない」という偏狭な発想が日本の社会にあるから、そうなってしまうのだ。上司や同僚との飲み会で飲酒を拒否した社員は、職場で仲間はずれにされてしまい、それ以降の仕事をうまく進める事ができなくなったり、酒が苦手であるにも関わらず無理やり飲酒させられた社員は翌日の体調が優れず、仕事の能率が著しく落ちる事がよくある。「酒が飲めない男に仕事ができる筈が無い」というのは、社会に「酒が飲めない男は認めない」という全く無意味で下らない偏見があるからそうなるのであって、恐らく日本の社会だけに成り立つ法則だ。日本以外ではそのような法則は全く当てはまらない国がほとんどだ。むしろ、酒飲みが不利になる国の方が多いのではないだろうか。

恐らく、仕事が満足にできず、酒を飲む以外に能の無い男が、飲酒に関するこのような馬鹿げた決まりごとを作ったのだろう。酒が嫌いな男性にとっては、全くもって迷惑な話だ。

女性が喫煙する事について非難する男性も少なくない。私の場合は煙草の煙が嫌いなので、男だろうと女だろうと喫煙者は嫌いだ。女性の喫煙だけを非難するのは全く大きなお世話だと言われても仕方ない。煙草の煙が嫌いだというのなら男性の喫煙者についても問題がある筈だ。男性の喫煙者が吐き出す煙は無害だとでも言うのだろうか。女性の健康について心配しているのかもしれないが、これもまた大きなお世話だ。それで寿命が縮まろうと本人の問題なのだから、他人がとやかく言う問題ではない。煙草が麻薬並みに有害だと言うのなら、煙草を法律で禁止すべきだ。

「酒は男の飲み物」とか「甘いものは女の食べ物」といった不合理な決まり事を誰が作ったのか良く分からないが、男女をやたらと分けたがる人はたくさんいる。

嗜好について男女別に分けたがるのは、全く愚かな事だ。他人に不快感を与えるだけでなく、時として人命に関わる事さえある。直ちにやめるべきだ。

第二章　フェミニストの勘違い

男が得で女が損か

法政大学の田嶋陽子教授は日本社会の男女関係に対して、「男が王様で女が奴隷である」と主張している。自称フェミニストの主張には、女性が如何に損しているかを強調するような意見が少なくない。その根拠として、男性の収入や社会的地位の高さが挙げられることが多い。政治家や経営者や大学教授には男性が圧倒的に多いし、収入の平均は女性より男性の方が高い。また、日本の法律には男性に有利なものが少なくない。

それでは、「日本の社会では、男が王様で女が奴隷である」という意見は本当なのだろうか。答えはノーだ。実際には、「女が王様で男が奴隷である」というような場面は日本社会の随所に見られる。

また、日本の社会には、「男は仕事、女は家庭」という発想が根強く残っている。これは間違いなく性差別思想だ。直ちに改めなければならない。しかし、このような男女の役割分担について、「男性が得して、女性が損している」という主張についても賛同できない。

差別というと、加害者と被害者の関係は一方的であると連想されがちだ。しかし、性差別については、そんなに単純なものではない。厳格な階級制度であるインドのカースト制度とは状況が大きく違う。

それでは何故、多くの女性が「男が王様で、女が奴隷である」という錯覚をしているのだろうか。また、損をしている男性から反論がほとんど聞かれないのは何故だろうか。それは恐らく、損をしている男性と損をしている女性の持つ特徴の違いによるものだ。損をしている男性がどういう人であるかを一言で言い表すことは難しいが、一般的な傾向として、若い男性、虚弱な男性、消極的な男性、内向的な男性などがあげられる。それに対して損をしている女性の一般的な傾向としては、中高年の女性、優秀な女性、キャリアウーマンのような積極的で活発な女性などが多い。損をしている男性とは対照的な特徴を持っている。

損をしている男性は、自己主張しない或いは自己主張する事が困難な場合が多い。それは、経済的問題、社会的地位、性格など様々な要因による。若い男性の場合は不満を主張したくても、難しい要因が多い。経済的にも社会的地位にも恵まれていない場合が多い。若い男性会社員は自由な時間もあまりないので、中高年のフェミニストがしているような活動をする事は困難だ。何かを主張しても企業の経営者や政治家や大学教授など地位の高い人より注目度は低いし、発言の社会的影響は小さい。「月に一回しか休みが無い。これでは体がもたない」といった不満を訴えても、聞いている人が愚痴としか思わない事が少なくない。大人しいタイプや消極的、内向的な性格の男性は喋るのが苦手あるいは嫌いな人が多い。社会に何か不満があっても、人前で主張しない事が多い。

以上のような理由で、損をしている男性の不満は周囲に伝わりにくい。男性が必ずしも常に得をしているわけではない。しかし、損をしている女性には自己主張が強いタイプが多い。それで、女性の不満ばかりが伝わってくる。そのため、女性の間で、「男が得で、女が損をしている」という思い込みが生じているのではないだろうか。

私が思うに日本では、男も女も奴隷なのだ。男は会社の奴隷であり、女は夫の奴隷だ。それらは異質な奴隷なので、単純にどちらが損とか得とか言える問題ではない。主夫志願の男性もいるし、単純に収入や社会的地位が高い方が恵まれているとは言えないのではないだろうか。ある面では男が損をして、女が得をしている事もある。どちらがより損をしたか競い合ってもあまり意味は無いように思う。

「男性が得で、女性が損だ」という考え方には大きな前提が必要になる。それは全ての男性が会社や仕事が好きであるという事だ。日本の男性については、「家庭を顧みず、会社のために尽くすのが趣味」というような厳しい見方をするフェミニストが多い。男性が会社のために私生活を犠牲にしている事に対する、同情的な意見は少ない。しかし、日本に強制連行された朝鮮人労働者に対して、「妻子を放っておいた勝手な連中」などと言う人は少ないだろう。

実際には仕事より家事の方が好きだったり、その方が向いているという男性は少なからず存在する。仕方なく会社の奴隷状態になっている男性は少なくない。現状の男女の役割分担を好まない男性がいる事を忘れてはいけない。そういう男性が日本の社会にどれだけ存在するかは分からないが、多いか少ないかは問題ではない。仕事より家事をしたいと思っているのに、外で働く事を強いられている男性についても、優遇されているとか男に生まれて得したと考えなければいけないのだろうか。私には、どうも釈然としない。

「男は仕事、女は家庭」という考え方は女性に対する差別であるが、同時に男性に対する差別でもある。仕事より家事が好きな男性に、家事を選ぶという選択肢が与えられていないからだ。男性の中には過酷な労働に対して、「給料は今より少なくていいから、自由な時間が欲しい。もっと、人間らしい扱いを受けたい」と思っている人も少なくないだろう。一流企業の会社員だった人が会社を辞めて、農業に転職する例もある。そのような例では、収入より生きがいを求めて転職した場合が多いようだ。

現在の日本社会が抱える性差別の問題は役割が性別で固定されている事が問題なのであって、どちらがより損をしたかという議論をしても無意味だ。今の枠組みで、男性の中にも女性の中にも損をしている人がいるのだ。家事をやりたい男性は主夫となり、働きたい女性は外で働いて家族を養なってもよいと思う。

女性が働きやすくなる事は、主夫志願の男性にとっては、むしろ喜ばしいことだ。フェミニストは女性の社会進出の必要性を喧嘩腰で主張するのではなく、「女性が働きやすい環境を作る事は、男性にとっても好ましい」と丁寧に教えてあげるべきだ。

そもそも、「男が得で、女が損」と主張する女性は金銭的な事ばかりを考えて、男性の精神的あるいは肉体的苦痛についてはほとんど触れていない。どちらがより大きな苦痛を受けたかという事については比べようがないだろう。

女性が損をしてきたという事を強調する人たちの意図は、「今まで損をしてきたのだから、賠償しろ」と言いたいのだろうか。それとも女性に生まれて損をしたことに対する男性への復讐なのだろうか。まるで夫婦喧嘩のような様相を呈している。全ての男性と全ての女性をあたかもそれぞれ一個の人格と考えているようだが、人によって考え方が違う。離婚の調停ではないのだから、今までどちらが損をしてきたかを比べる意味は無い。

田嶋陽子氏が主張するように、平均すると女性が圧倒的に損をしていると仮定しよう。その場合でも個々の男性についてみれば、抑圧されている人や損をしている人も存在する。抑圧されている男女の中で男性の数がごく僅かであったとしても、それは決して無視できる存在ではない。両方を解放してあげれば良いのであって、女性だけを解放しようとする態度は了見が狭いと言わざるを得ない。

女性の就職難と性差別

日本の社会では就職や昇進に関しては、男性の方が女性より圧倒的に有利な場合が多い。一般的に、女性は自分が望む職種や職場への就職や昇進が難しいのが実状だ。

もちろん、これは明らかに女性に対する性差別だ。直ちに改める必要がある。しかし、この事から、「日本では女性が一方的に差別されていて、男性は優遇されている。日本は男中心社会だ」と考えるのはあまりに短絡的だ。

そもそも何故、企業は女性より男性の社員を優先して採用したがるのだろうか。これは必ずしも企業が女性の能力を軽視しているという事が理由ではない。仮に女性の平均的能力が男性より遥かに劣っていたとしても、採用した女子社員の働きが著しく悪い場合は、減俸あるいは解雇などの対処をすれば済むだけの話だ。女性の平均的能力が平均的男性より非常に低かろうと、それ自体は大した問題ではない。企業が男子社員を優先的に採用しているのは、男性の社員の方が女性より扱い易いと考えられている事が大きな理由ではないだろうか。

他にも、女性は大学などで甘やかされる場合が多いという理由があげられる。大学教授のペット的な存在である事が少なくないのだ。私が通っていた工業大学での経験だが、学生が卒業論文のテーマを選択する際に、学生同士の話し合いにより最初は女子学生が実験を担当する事になっていた。しかし、教授が、「実験は力仕事だから、女性にとっては辛いし、好ましくないのではないか」と言ったために、男子学生が実験を担当する事になった。教授の鶴の一声で女子学生は実験の担当を免れたが、私は釈然としなかった。実験もできないような女性は最初から工学部に入るべきではない。また、一番悪いのはその教授だ。私の出身大学の女子学生は数が少なく甘やかされていたせいもあり、非常に傲慢な女が多く、大事にされて当たり前という意識が強かった。そのような甘えた女が、企業の厳しさについて行けるとはとうてい思えない。

女子社員を企業が戦力として認めたがらない理由として、「女子社員は会社に定着しようという意識が弱く、腰掛けに過ぎないから」という事が男性の側からも女性の側からも盛んに指摘される。しかし、私はその説に対して疑問を持っている。「女性にとって会社が腰掛に過ぎない」という事も少しは関係あるかもしれないが、会社をすぐ辞めるという点では男性も大差ないのが実態だ。私の経験では入社後一年とか二年といった短いスパンで考えると、むしろ男性の方が辞める割合が高いように思われる。二十年とか三十年といった長いスパンで考えると、男子社員の方が女子社員より同じ会社に留まっている人は多いかもしれない。

しかし、いずれにしても男性も女性も、今時定年まで同じ会社に勤めるような人は非常に少ない。私が勤めていた会社は女性を戦力と思っていなかったが、キャリア志向の女性は比較的早く退社して、やる気のない女性が長く会社に居座る傾向があった。男性についても同じような傾向があった。むしろ、長くいる社員ほど能力や意欲が低いように感じた。必ずしも、すぐ辞める女性に働く意欲が乏しいわけではない。「女性は腰掛に過ぎないから、あまり雇いたくない」というのは一般に言われているほど大きなポイントではないのではなかろうか。企業の単なる言い訳に過ぎないような気がする。

「女性に対して残業させたり、怒鳴ったり、殴ったりする事には抵抗がある。女性はすぐに泣き出すし、乱暴に扱えば社会的非難も浴びるだろう。しかし、男なら深夜まで残業させたり、怒鳴ったり、殴ったりしてもあまり同情や抗議はされない。若い男を酷使する事については、社会人としての厳しい教育や指導という事で言い逃れできる。多少乱暴に扱っても構わないだろう」という男性軽視の意識が雇用者の側にあると思われる。

男性は一般的に、若い頃に過酷な扱いを受ける事が多い。これは、男性に対する性差別と言っても過言ではない。むしろ、男性こそが性差別の最大の被害者であると考える事もできる。

日本では大学や企業などで若い男性の人権が軽視されている場合が多い。しかし、男性は年数を経ると若い頃苦労した褒美として高い地位や収入が与えられてきた。そのようなやり方が、高度経済成長期の日本企業の慣行だった。

このようなやり方は一時的には非常にうまくいったし、日本の経済を著しく発展させた。しかし、これにより若い男性の人権についてはもちろんだが、女性の就職を困難にし、結果的には女性の人権までも侵害する事になってしまった。特に中高年の女性の場合は深刻な被害を受けている。社会全体として見ると、決して好ましくない。企業としてはいくらでも酷使できる若い男子社員がいるのだから、残業させ難い女子社員をあまり雇いたがらないのは当然だ。また、中高年の女性には職場にいて欲しくないと思う男性が少なくない。職場の花としての要素を期待される若い女性にとってはまだよいとして、中高年の働く女性に対しては極めて過酷な社会となっている。

このように、女性の就職が難しい根底には、「若い男なら少しくらい酷使しても構わない」という男性蔑視の思想があるように思う。男性には女性の部下や後輩に対して厳しい態度をとることは気が引けるという人が少なくないのではないだろうか。男性のこのような意識は直ちに改めなければならない。

女性もまた、この事について考える必要がある。フェミニストは女性の解放を考えるのなら、同時に若い男性の解放についても考えてやらなければならない。単に、「男はけしからん。反省しろ」と吼えているだけでは何の解決にもならない。男性の解放が女性の解放につながるのだから、男性の中の被害者と加害者を峻別して、被害者を味方につけるのが得策だ。

男は保守的か

女性が日本の男性を、「保守的だ」と評価する事は少なくない。男女の役割分担に対して、男性の側からは現行のシステムを守ろうとする意見が強く、女性の側からは不満の声が強いからだろう。確かに中高年男性の言動については、大変古臭いと言わざるを得ないものが多い。「男は外で仕事をし、女は家庭を守るべきだ」と主張するのも、この年代の人たちが圧倒的だ。しかし、ものの考え方や洞察力という点で必ずしも女性が男性に比べて進歩的というわけではない。

日本の企業は女性の受け入れに対して熱心ではないし、排他的な企業が多い。そういう面では日本企業を支配する中高年男性は保守的であると言う事はできる。しかし、それは必ずしも女性の仕事に関する能力を低く評価しているからだとは限らない。現在、管理職や経営者や政治家は圧倒的に中高年の男性が多い。もし、それらの分野に女性を積極的に受け入れる事になると、現在の高い社会的地位からあぶれる男性が大量に出てくる可能性がある。その事を中高年男性は恐れているのだろう。

もし、女性の能力が男性より著しく劣っていて、公平な試験や競争をすれば男性が間違いなく勝つという絶対的な自信が男性にあれば、無理に女性を排除する必要はない。全ての女性が著しく劣っているとすれば、男女に対して公平に試験や競争の機会を与えたとしても、自然に女性は淘汰される事になるので、男性にとって女性は全く脅威ではない筈だ。

しかし、男性にできるような仕事は大抵女性にもできる。今まで何人も女性の大臣が出ているが特に深刻な問題は生じていない。科学技術庁長官の仕事は女性にも十分勤まるし、現に科学技術庁長官を務めた女性もいる。東京都知事だって、女性が就任したとしても何の支障も無いだろう。中高年男性の中には、その事に気付いている人も少なくないと思われる。だからこそ、女性を重要な部署から排除したがっているという可能性もある。

日本の中高年男性が実力を認めたがらない相手は、何も女性に限った事ではない。若い男子社員に対してもそうだし、外国人に対してもそうだ。

若者に対してはいつの時代でもそうだが、「常識を知らない」とか「甘えている」など否定的な意見が述べられる事が多い。

しかし、若者はパソコンなど先端機器に対する順応が早いなど新しいものを取り入れる能力は高い。内心では若者の能力に舌を巻いている中高年男性も少なくない。外国人の役員に対しても、文化の違いなどを盾に受け入れに対して否定的だが、内心では、「連中の管理能力にはとても適わない」と思っている日本の中高年男性も少なくないだろう。

古臭い言葉とは裏腹に、日本の中高年男性は今の日本企業の旧式なやり方ではとても国際競争に勝てないという事に結構気付いている人が多い。「若手や外国人や女性であろうと、優秀な人物ならどんどん取り立てないと会社も社会もやっていけない」と感じている男性は少なくないだろう。しかし、自らの保身を考えると、能力の高い若者や外人や女性を積極的に出世させるのはマイナスでしかない。だから、頑強に反対している人も少なくないと思われる。要するに新規参入者を認めれば自分の地位や収入が脅かされる事を危惧しているのだ。

「女性の社会進出は生態系を破壊する」とか「飛び級制は人格を破壊する」などと古臭い事を言っているが、内心では女性や若者や外国人などの実力を結構高く評価している人も少なくないだろう。現行のシステムを守ろうという点では、中高年男性は確かに保守的かもしれないが、女性に対する評価は必ずしも低いとは限らない。

それに対して、女性の方はどうかというと、母親の中には自分の子供に習い事を強要する人が多い。しかし、男性の側からは、「今の時代は個性や独創性のある人材が必要だ。子供の思考力や自主性を奪ってしまう塾は規制すべきだ」というような声も少なくない。また、母親の中にはいまだに子供に対して、「良い大学を出て、良い企業に入らせたい」と希望する人が多い。そのような考えはとっくに時代遅れだ。中高年男性の発想が古いといっても、実社会で揉まれているために、主婦よりは現実を正確に見据えている事がほとんどだ。

また、若い女性の中には結婚相手としていまだに「高学歴、高収入、高身長」の三高をあげる人が多い。これに対して「今の若い女性は現実的だ」という意見もあるが、私はちっともそう思わない。高学歴は今の時代は何の役にも立たない。高収入は三高の中では最も現実的と言えるかもしれないか、これもそうとばかりは言えない。終身雇用の時代ならともかく、近年はリストラが横行している。今は高収入でも、来年はほとんど収入が無いかもしれない。しかも高収入の人は中高年が多いから、リストラされる可能性が高い。高身長に至っては、見かけの問題であって現実性のかけらもない。

いずれにしても、中高年男性の表向きの発言と心理の違いについて理解しておかないと、女性の解放に支障をきたす事になろう。

男性並みに働く

男女平等の社会というのは、当然、責任も男女平等であるべきだ。しかし、「男性並みの働き」を要求される事に対して強い抵抗を感じてしまう女性が少なくないようだ。「男性並みに働く」という事を「男性がしているように長時間の労働をしなければならない」というふうに解釈している女性が多いのではないだろうか。「男性並みに働く」という意味は必ずしもそういうことではない。「男性並みの責任をもって働く」という事が要求されているのだ。

これは女性に限った事ではないが、日本では何事も質より量が重視される傾向がある。野球をはじめとするスポーツ選手の練習方法にしても、「俺は人の二倍練習した」というような自慢をしている例がしばしば見受けられる。労働にしても、量ばかりが評価され、質についてはあまり言及されない場合が多い。

女性が残業したくないと考える事は全然わがままではない。社員が残業すれば会社は余分に給料を出さなければならない。現在のような低成長時代には、社員が残業をしないという事は企業にとってはむしろ好ましいことであると考える事もできる。集中して仕事を済ませ、定時には帰宅すれば良い。他人の二倍の能率で仕事ができるのなら、一日四時間しか働かなくても構わない。一日四時間働いて、給料を男性の半分だけ貰うという方法も考えられる。いずれにせよ、給料に見合った働きをしろと言っているのだ。仕事の成果が問題であり、労働時間の長さは必ずしも評価の対象にはならない。

建設業を例にとると、日本の建設工事現場では残業が多く、夜遅くまで働いた上に休日出勤をするのが当たり前となっている。

日本では工期は短く、期限は厳格に守られる。欧米ではストライキがあったり工期に遅れたりする事が少なくない。その代わり日本では、検査がいい加減だし、手抜き工事や欠陥工事が多い。アメリカでは厳しく検査が行われる。日本の工事は「早かろう。悪かろう」という感じだ。工期と品質のどちらが大事かを簡単に比較はできないが、強いて言うなら、品質だ。従って、長時間働く日本の建設労働者が必ずしもアメリカの建設労働者より立派とは言えない。

私は㈱鴻池組という中堅ゼネコンの元社員だが、同僚の女子社員にどうしようもない馬鹿女がいた。その女子社員は製図を担当していた。昼間はお喋りと居眠りが日課になっていて、遊んですごし、ほとんど仕事をしていない状態だった。何もしないでぶらぶらしているだけならともかく、隣に座っている後輩の女子社員に大声で話し掛けていた。後輩としては先輩に返事をしないわけにはいかないので、付き合いで下らないお喋りをして過ごす事になった。そうして、その馬鹿女はマイナス二人分の活躍をしていた。そのため、定時に仕事が終わらず、二時間ほど残業するという日々が続いた。

彼女の怠慢のために、就業時間後に男性の先輩社員が付き切りで彼女に指示を出さなければならなくなった。彼女は、「もう、嫌だぁ。早く帰りたい。ねえ、まだやるの」と自分のせいで残業せざるを得なくなったにも関わらず、ふぐのように猛烈にふくれながら、もたもた作業を進めていた。彼女が残業をする事によって先輩にも迷惑がかかり、会社も二人分の余分な残業代を払わされる事になった。責任をもって働くというのは私生活を犠牲にする事とは全く違う。だらだら長時間働かれると却って他人が迷惑してしまう場合がある。

そもそも、日本の男子会社員というのは決して良い手本とは言えない。日本の会社では無責任で無能な女子社員が少なくないが、男子社員の質も恐らく先進国中最低だろう。働いているのではなく、ただ働いているふりをして動いているだけという社員が少なくない。残業といっても、「特にやる事が無いのだが、先輩や上司が残っているから帰りにくい」といった付き合い残業もある。こういう自己犠牲は先輩や上司のためにも会社のためにも、もちろん本人のためにもならない。先輩より早く帰れば自分が悪く思われるから嫌だという保身のための自己犠牲に過ぎない。美しくも何ともない行為なので、決して見習ってはいけない。

酒席などの付き合いにしても、同じ事が言える。付き合いたくないのに無理に付き合う必要は無い。会社というのは利益を上げる事が目的なのだから、会社の利益向上に貢献しない付き合いなど必要無い。誘われても全て断って構わない。

企業戦士という名の企業奴隷

日本の男性会社員は、その猛烈な働きぶりや会社のために私生活を犠牲にする会社一辺倒の生活態度などから、「企業戦士」と呼ばれる事がある。しかし、私は、この呼び名が日本の性差別問題を論じる上で大きな誤解を招いてきたのではないかと思っている。戦士というとパルチザンやレジスタンスといった士気の高い志願兵や義勇兵を連想しがちだ。日本の男性会社員が如何にも自主的に喜々として会社に奉仕しているかのような印象を与えてしまう。しかし、日本の会社員は必ずしも好んで猛烈な労働をしているわけでも、私生活を犠牲にされて平気なわけでもない。

企業に対して厳しい評価をしている評論家の典型である佐高信氏は、日本の会社員の事を「社畜」と呼んでいる。社畜とは言い得て妙な言葉だ。大企業などで採用されている「みそぎ研修」などは、社員を会社に反抗しない従順で家畜のような人間にしようという意図が見えだ。社宅や様々な福利厚生が与えられていている事も、社員の自立を困難にする要素になっている。

企業と労働者では、一般に企業の方が圧倒的に強い立場にある。企業と対等に渡り合える会社員は少ない。新入社員研修の時に「地獄の特訓」を受ける事を会社から強要された人も少なくないと思うが、そういう訓練が嫌だと感じる人も大勢いるだろう。また、日本の企業に特有の付き合いや付き合い残業に対して、「個人の自由な時間が奪われるし、うっとうしくて嫌いだ」と感じる人も多いだろう。特に若手の男子社員は会社に入ったばかりで、自分の会社に対する愛着心が乏しい場合が多い。給料が安く、長時間に渡る過酷な労働をさせられる事が多いから会社に対する不満も多い。若い男子社員は愛社精神より、むしろ会社に対する反感の方が強い場合が多い。

それでは中高年の会社員は、愛社精神が旺盛なのかというと必ずしもそうではない。彼らの緩慢な仕事ぶりを見ていると、必ずしも仕事熱心には見えないし、企業戦士という言葉からは、ほど遠いのが実態だ。彼らの中には、「俺たちは若い頃、会社から散々扱き使われたのだから、今、楽して高い給料を貰うのは当然の権利だ」というような事を平気で言う人がいるし、会社に対して必ずしも感謝の気持ちを持っているわけではない。中には会社を憎悪して、悪口をいうのが趣味の人さえいる。

しかし、日本の中高年男性会社員の場合、長い間ゼネラリストとしてやってきた人が多いので、転職が容易ではないようだ。家族や自分の生活を考えると転職するのは冒険であり、収入が下がる可能性も高い。嫌でも、今いる会社にしがみ付くしかないのだろう。転職が容易でない中高年の会社員は、会社に頼らざるを得ないのが実態だ。会社に対する忠誠心が強いというよりは、会社に対する依存心が強いといった方が正解に近いだろう。上司にごますりながら、自分の地位を守る事に汲々としている態度は、企業戦士というイメージとはほど遠い。

日本の経営者の中には、日本企業がアメリカ企業と比べて社員を大事にしてきたと力説する人がいる。これは、「突然の指名解雇があるアメリカ企業と違い、日本企業は終身雇用により社員の雇用を保証して来た」という点を根拠にしているようだ。しかし、職業軍人に対する終身雇用と奴隷に対する終身雇用では意味合いが全然違ってくる。奴隷を終身雇用する事に対して、人道的な措置と思う人がいるだろうか。奴隷の所有者としては死ぬまで扱き使える奴隷を解雇するメリットが無いというだけの話であって、美談でも何でもない。その証拠に、企業は社員が過労死しようと全く意に介していない場合が少なくない。経営者が唱える家族主義など偽りであり、日本企業の実態は似非家族に過ぎない。しかし、その似非家族も今日、崩壊しつつある。

終戦直後の日本では、「総資本」対「総労働」と言われ、三井三池労組をはじめとする激しい労働争議が日本各地で発生していた。当時の日本には世界最強の労働組合が存在し、労使協調とは無縁な世界だった。それが、今では労働運動は見る影もなく衰退し、労働者は企業の奴隷となってしまった。日本の男は守ってくれるべき強力な労働組合がないから、仕方なく企業に服従しているに過ぎない。日和見主義者が多い日本人は労働運動が廃れて、労働組合が頼りにならなくなったため、企業に従順になったに過ぎない。

本当は、会社が好きでもないのに、同僚と家族のように振舞わなければならない。また、仕事のために人生を犠牲にしたくないのに仕事に忙殺される。そんな男性の辛さについて、女性は知るべきだ。フェミニストには、企業奴隷の解放に尽力して欲しいものだ。

サイレント・マジョリティー

阪神タイガースの野村克也監督の婦人である野村沙知代氏の非常識極まりない態度がサッチー騒動としてテレビや週刊誌などで盛んに話題になっている。私がテレビを見ている時に聞いた彼女のコメントの中に、「サイエンス・マジョリティー」という耳慣れない言葉があった。野村沙知代氏は、「サイレント・マジョリティー」の事を「サイエンス・マジョリティー」と間違って言ったらしい。彼女は、「ほとんどの人は大人しいのだが、一部の騒いでいる人たちは声が大きいので、大多数の意見に聞こえる」というような趣旨の事を言いたかったようだ。

私はサッチー騒動自体には大して興味は無い。ここでは野村沙知代氏を責めも庇いもしないが、彼女が言おうとしていたらしい「サイレント・マジョリティー」という言葉は、深い意味のある言葉として強く印象に残った。彼女が主張する「ほとんどの人は大人しいが、一部の騒いでいる人たちは声が大きいので、大多数の意見に聞こえる」という説明が果たして彼女自身に向けられている騒動について当てはまるかどうかはともかくとして、この事は性差別問題など社会に存在する多くの事象について当てはまるのではないだろうか。

性差別問題に対する女性側の意見としては、法政大学の田嶋陽子教授の主張するような一方的で過激な意見が、しばしば伝わってくる。

フェミニストに対して、「ブスで性格がきついから男に相手にされず、結婚できなかった連中だ」といった意見を、保守派の中高年男性などが盛んに主張している。私自身もフェミニストに対してそのような印象を持っていた時期があった。しかし、私が実際に会ってみたフェミニストには、美しく上品で知的で穏やかな性格の女性もいた。フェミニストに対する男性の否定的な意見には必ずしも悪意は無いのかもしれないが、事実とかけ離れている場合が多い。

大声で自分勝手な意見を喚き散らしている過激で騒がしいフェミニストは穏やかな意見を持つフェミニストより目立ちやすく、話題性がある。そのために、過激なフェミニストの意見が圧倒的多数のフェミニストを代表する意見に聞こえてしまうのだろう。また、テレビ番組の中には過激な意見を吐くフェミニストを好んで出演させるところもあるが、それもまた、フェミニストの印象を悪くしている一因であろう。

これは男性の主張についても同じような事が言えるかもしれない。性に関する男性の側の主張としては、「男は外で仕事をして、女は家事を担当する」あるいは「男は女を守らなければならない」といった明治生まれの頑固親父が好みそうな伝統的な役割分担にこだわる保守的な意見が盛んに伝わってくる。男性の側から、「性差にこだわらない社会を作ろう」とか、「女性を積極的に社会に進出させよう」といった進歩的な意見が主張される事はあまりなかった。

しかし、これは必ずしも日本の平均的な男性が保守的だからではない。日本の男性の中にも女性の社会進出に対して寛容な人や積極的に手助けしようとする人が少なからず存在するだろう。しかし、その様な考え方をする男性たちには、どちらかというと若年者や低収入の人や、社会的地位が低い人や性格が大人しく引っ込み思案な人などが多いようだ。従って、東京都知事となっている作家の石原慎太郎氏のような自己主張や社会的影響力が極めて強い人物と比べて、自己主張や発言力が圧倒的に弱く、何か意見を言ったとしても周囲にあまり伝わらないのだろう。

フェミニストの中には抑圧されている男性に対して冷淡な人が少なくない。「解放されたかったら、男が自分で運動すればいい」という態度をとる人もいる。しかし、男性の中には、喋れない人や身体障害者や自閉症の人など自己主張が苦手な人だっている。女性の中にも過激なフェミニストの意見に対して疑問があるが、反論するための有効な術が無いという人たちは少なからず存在する。

自分が男性の総意あるいは女性の総意を代表しているかのような態度で発言する人は多い。そのような勝手な人のおかげで迷惑している人は、男女共に少なくない。

男性の中にも女性の中にも、自分の意見を広く社会に発信するための有効な術が無い、あるいは気が弱いなど何らかの理由があって自分の意見を積極的に発言する事が困難である人たちは、意外に多いと思われる。そのような「声なき声」にも耳を傾けていかなければならない。

四民不平等

フェミニストによる男女の力関係に対するイメージは、男と女という二つのブロックに分かれていて、男が女の上にあるというようなものが多いのではないだろうか。常に男が支配的立場にあり、女が支配される立場であるというイメージに固まっている女性は少なくないようだ。

そのような説に対して、私は男女の階層構造について性別だけでなく、年齢も考慮した四つのブロックに分けて考えている。

性別と年齢によって分けられた四つのブロックとは、中高年男性ブロック、若い男性ブロック、中高年女性ブロック、若い女性ブロックだ。

私のイメージによる身分関係については、中高年男性、若い女性、中高年女性、若い男性の順になっている。必ずしも男が上で女が下という関係ではない。全体として見ると、必ずしも男性が得をしているわけではない。むしろ、若いうちは女性の方が男性より大事にされる事が多い。

「今の若い女性は保守的だ」という事がよく言われる。これは、私にしてみれば当たり前という感覚がある。「若い女性が保守的になった」というよりもともと若い女性は保守的だったのだ。仕事に関してはともかくとして、業務以外の点では、若い女性はほとんどあらゆる面で優遇されている。男性に家まで送ってもらえる。男性から食事は奢ってもらえるし、ダイヤモンドも買ってもらえる。若い女性の中には、女王様のような扱いを受けている人が少なくない。何か特別な才能がある場合はともかくとして、大して才能や意欲がない若い女性にとっては、日本は天国のような国だ。だから、若い女性が保守的なのは、むしろ当たり前であり、何ら驚くべき事ではない。

このような考え方については、恐らく女性を中心として異論がある人もいるだろう。例えば、中高年の女性と若い男性のどちらが得かという比較は非常に難しい。私が男性であるから、若い男性が一番苦しんでいると感じただけかもしれない。中高年女性にとってみれば、それは逆ではないかと思う人がいるかもしれない。

しかし、同じ年齢で比較した場合や同じ性別で比較した場合には、この順位が守られている。例えば、中高年男性と中高年女性を比べた場合、中高年男性の方が高い位置にある。中高年男性と若い男性を比べた場合、中高年男性の方が高い位置にある。

また、私の分類は一般論であり、あくまで性別と年齢だけに注目した場合の大雑把な分け方だ。個々の場合については必ずしも当てはまらない。だから、場合によっては、若い女性の方が若い男性より損をするような事もあるだろう。

また、若者と中高年をどこで区切るかという微妙な問題もある。女性の場合は結婚前と結婚後あるいは退社前と退社後というように比較的区切りははっきりしている。しかし、男性の場合はある時点までは奴隷で、そこからいきなり王様として優遇されるわけではない。男性は、年を重ねる毎に後輩が増えて行き、徐々に地位や給料が高くなる事が多い。

しかし、一部のフェミニストによる「日本では、男が王様で、女が奴隷だ」という単純極まりない説よりは私の説の方が遥かに真実に近いと言えるだろう。

考え方は人によって微妙に違うだろうから、四つのブロックの順位は人によって多少違ってくるかもしれない。いずれにせよ、日本の社会では、中高年の女性と若い男性が低い地位にある事は間違いない。

日本女性の複雑な立場

日本の女性が置かれている立場に対する大方のフェミニストの見方は、「日本の女性は先進国で一番過酷な状況に置かれている」というようなものが多いのではないだろうか。それが必ずしも間違いとは思わないが、別の見方をすると「日本の女性は世界一甘やかされている」という考え方もできる。

ほとんど正反対とも言えるような二つの意見がある事に対して強い矛盾を感じる人は少なくないだろう。しかし、どちらの意見も間違ってはいない。そもそも、日本中の全ての女性を束にして考えるのが間違いであって、日本の女性が置かれている立場は、見方によって大きく違ってくる。

若くて、能力や意欲の低い女性にとっては、世界中捜しても今の日本ほど住みやすい国は無いだろう。日本の企業では若い女子社員に甘い会社が多い。若い女子社員にはただ遊んでいるだけの人が少なからず存在する。フェミニストによって日本での男女の収入格差が盛んに話題になるが、日本の女子社員の給料が男子社員の給料より低いとは言っても、発展途上国のエリートなどよりは遥かに高給であるような場合もある。日本の女子社員は「世界一高給とりのお茶汲みだ」と言われている。ＯＬはただ会社に出勤さえすれば、ほとんど働かないで遊んでいても給料が貰えるというような会社が、日本には少なからず存在する。このような事は欧米ではまず考えられない。アメリカでは、「妊娠しても本人の責任なのだから、ちゃんと働くべきだ」というような会社もあるようだ。欧米には、遊んでいて仕事を全くしないような馬鹿な女どもを職場に置いておくような気前の良い会社は恐らく存在しないだろう。日本は馬鹿女天国だ。若い女性が男性から甘やかされている事についてエッセイストの阿川佐和子氏は、著書「無意識過剰」などで、甘える女と甘やかす男の両方を厳しく批判している。彼女はフェミニストを名乗ってはいないようだが、田嶋陽子教授などよりずっと現実的だし、好感が持てる。

また、私生活においても若い女性のわがままが目立つ。「日本では男性が女性に食事をおごる文化がある」などとふざけた事を公言する女もいる。日本の若い女性の中には、男性を家来のようなものと考えたり、女性が男性から女王様のような扱いを受けたりする事が当たり前と思っている人が少なくない。

その反面、中高年の女性や企業などの戦力として真面目に働こうとするキャリアウーマンにとっては、日本は先進国で一番住みにくい国だろう。日本企業の男子社員の中には少しでも若い女性を好む傾向があり、中高年の女性というだけで気嫌いする場合が少なくない。「ばばあ、さっさとやめろ」などとあからさまに嫌がらせを受ける中高年の女性もいる。男性の私が聞いても、怒りが込み上げてくるような酷い話だ。しかし、そのような事はあまり大きな話題になってはいない。それに対してフェミニストが抗議したという話もあまり聞かない。

優秀な女性に対する扱いも極めて冷淡だ。日本では、天才的な頭脳を持った女性が活躍する場はほとんどない。優秀な女性を飼い殺しにする愚かなシステムになっている。これでは国際化社会と言われる現在、優秀な女性はアメリカなどのように、性別、年齢、国籍を問わない能力尊重の国に脱出してしまう可能性がある。このままだと、日本は馬鹿な女ばかりの国になってしまいかねない。実にもったいない話だ。

日本の女性に対する待遇を見ていると、損している女性と得している女性が極めて極端な状況にある。健全な社会が本来あるべき姿の正反対の状態になっているのだ。

まともな国なら、優秀な女性を優遇して、無能な女や意欲の無い女に対して厳しい扱いをするだろう。しかし、日本では優秀で意欲のある女性が邪険に扱われ、無能で意欲の無い馬鹿女が女王様のように大事に扱われている。日本の男たちは、日本中の女性を馬鹿で低能な女にするつもりなのだろうか。

年齢よる女性の態度の違いについても疑問がある。何故、若い女性が傍若無人な態度をとっても許されるのか分からない。一般に若い女性の方が中高年の女性より体が丈夫なのだから、弱者の保護という視点からすると、むしろ若い女性より中高年の女性を大事にすべきではないのだろうか。

このような状態になった事に対して、もちろん男性にも大きな責任がある。しかし、男性と女性のどちらの責任がより重いかはともかくとして、このような不公平は直ちに改めていかなければならない。単に「女性は差別されている」と叫ぶのではなく、甘やかされている女性と不当に差別されている女性を峻別しなければならない。不当に差別されている女性を解放し、甘やかされている女性には厳しくしなければならない。

男の陰謀説と女の陰謀説

日本の社会に存在する性差別の由来については、男性による陰謀説と女性による陰謀説という正反対の説がある。「日本の女性が男性に対して従属的な立場にあるのは、男性の陰謀によるものである」というような説を唱える女性がいる。それに対して、「日本の社会が男中心社会であるというのはとんでもない間違いだ。日本の女性は男性から虐げられているふりをして、男性を会社人間に仕立て上げて、巧みに扱き使っているのだ」というような説を唱える男性もいる。

果たして、どちらの説か正しいのかを私なりに検証を進めたい。

これらの正反対に見える一見矛盾した二つの説は、どちらも全く的外れであるとは言えない。双方の主張にはそれなりの根拠がある。そのように言いたくなる気持ちは分からないでもない。しかし、厳密に言うとどちらも正解とは言えない。

それぞれの説には一理ある。今の日本の社会に存在するような性別による役割分担を望んでいる男性というのは少なくないし、「男は仕事、女は家庭」と公言する男性も多い。また、女性の側にも「夫に外で働いてもらった方が楽だ。夫に養ってもらって、自分は家事をやっている方が好きだ。主婦の方がキャリアウーマンより自由な時間もあるし、遊べるし、今の社会の方が都合良い」と考えている人も少なからず存在する。

その反面、男女共に同じような事が言えるのだが、今の日本社会に存在する性別による固定的な役割分担に対して、強い疑問や不満を抱えている人たちも少なくない。自分たちに与えられた性別による役割分担や慣習に対して、不満を持つ男性と女性がそれぞれ正反対の主張を唱えている。現状に不満を持つ男性と女性は本来、対立関係にはない筈だ。どっちが損とか得とかいう事でなく、そういう人たちはお互いに役割を交換すれば良いのではないだろうか。現状に不満のある男性と女性が手を結べば良さそうなものなのだが、実際にはいがみ合っている事が多い。

そもそも、「男が外で仕事をして、女は家事をする」という決まり事は過去においては、重大な意味があった。外で働く仕事は過酷な肉体労働が多かったから女性には向いていなかった。女性を家庭に押し込めて家事といった労働を押し付けるためというより、それはむしろ女性のためと言ってもよかった。男女ともにメリットがある分担だった。男性に家事を押し付けられたというより、むしろ、家事の分担を望んでいた女性も少なくなかっただろう。ところが、今では、外の仕事は頭脳労働が増えたし、交通網の発展など環境も改善されてきた。そうなってくると、むしろ、今では家事の方が肉体的には過酷な場合すらある。未だに女性が家事の負担を押し付けられる事に不満を抱くのは理解できる。

しかし、今まで女性が搾取されてきたと考えるのは必ずしも正解ではない。もともと女性のためにあったシステムが惰性で続き、今では女性のためにならなくなったというだけの話だ。

もし、日本の社会に見られる性差別の原因が男性の陰謀によるものだとしても、それは決して日本の男性の総意によるものではない。また、全ての日本の男性に性差別の責任があるわけでもない。仮に性差別の存在する社会が出来上がったのが男性の陰謀によるものだとしても、あくまで、一部の男性による陰謀と考えるべきだ。むしろ、その他の男性の中には性差別による被害者も少なからず含まれているという事を忘れてはいけない。性差別の原因が女性の陰謀によるものだと仮定した場合についても、全く同じ様な事が言える。

日本人の個々の男性や女性について考えた場合には、慣習として日本の社会に存在する性別による役割分担を自分の都合の良いように利用する人もいるだろう。女性を従属的な立場に置こうとする男性もいれば、男中心社会と言われる日本の慣習を巧みに利用して良い思いをしている女性もいるだろう。個々の夫婦や恋人同士や職場などの男女関係について言えば、男性による陰謀や女性による陰謀によって発生した性差別や性別による損得が存在している可能性は大いにある。しかし、日本の社会全体として見れば、「性差別は男性の陰謀によるものである」という考え方も、「性差別は女性の陰謀によるものである」という考え方も正しいとは言えない。

これは私も含めての話だが、人間はどうしても自分あるいは自分たちに甘く偏った考え方をしてしまうものだ。男女共に自分の加害者的な側面を忘れ、被害者意識だけを持ってしまいがちだ。女性に生まれて損をしてきた女性としては「性差別は男性の陰謀によるものだ」と思ってしまいがちだし、男性に生まれて損をしてきた男性としては「性差別は女性の陰謀によるものだ」と思ってしまいがちだ。しかし、それはどちらとも妄想に過ぎない。

第三章　男らしさと女らしさ

石器時代の名残

現在の日本社会に存在する男女の役割分担や、「男らしさ、女らしさ」といった概念には、非常に古臭い部分が根強く残っている。

伝統的に好ましいとされてきた男女のあり方については、「男が外で働き、女が家事を担当する」、或いは「男は女を守らなければならない」といった考え方が一般的であった。中高年男性を中心として今でもそのような考え方をする人は多い。

頭脳労働が増えた現在では、男女の役割分担が逆転しても大して困らないし、ちっとも不自然でない場合が多いのだが、未だに昔ながらの役割分担にこだわる人が多い。これは石器時代に培われた遺伝子が現代人に受け継がれているせいかもしれない。

原始時代には、野獣などの外敵や風水害などの自然災害から身を守ったり重い荷物を運んだりするなど強い肉体と体力が必要だった。そのような役目は体力が強い男性に向いていた。「男は強くなければならない」という意識や女性が逞しい男に憧れるのは、人間の祖先が野生で暮らしていた時代の遺伝子が組み込まれているからなのかもしれない。

ところが現代社会では、石器時代とは状況が大きく変わっている。都会では屋外に出ても野獣に襲われる危険性はほとんどないし、必ずしも外でやる仕事の方が体力を要するとは限らない。家の外に敵や危険があるとしても、それは人間による暴力犯罪や自動車事故といった人間社会に関するものが多い。女性が外で仕事をして、男性が家事を担当しても、医学的あるいは生理学的には特に不自然なことではなくなっている。

強さの意味合いというのも変わってきた。よく「最近の男は弱くなった」という話を聞かされることが多いが、必ずしも男が弱く女が強くなったわけではない。恐らく必要とされる強さの質が時代と共に変化してきたために、そのように見えるだけなのだろう。そもそも、男の強さは腕力や脚力や背筋力といった外面的なものだ。体の内部についてはむしろ女の方が強いようだ。

機械文明の発達した現代社会で求められる強さは、腕力や脚力といった外部の強さから内臓など内部の強さに移行する傾向がある。機械化や都会化が進んだ現在では、体力よりも健康が重要な要素となる。スポーツマンでも短命な人は大勢いる。いくら筋肉が強くても内臓が弱ければ、長生きする事は難しい。その点をよく認識していない人が多い。マッチョマンを見ていると、自分の好みの体型を作る事がトレーニングの目的になっている人が多い。薬を使って筋肉を増やし、健康や体力増進は二の次、あるいは「健康などどうでもいい」という極端な例すら見受けられる。こうなると本末転倒だ。

男性がボクサーで女性がレスラーである場合を仮定しよう。最初はボクシングのルールで戦った。それで男性が勝った。次にレスリングのルールで戦った。すると女性が勝った。「男が弱くなった」と言われるのは、そのような状況によるものだと考える事はできないだろうか。つまり、必ずしも男が弱くなったわけではなく、社会のルールが変わったと考えた方が正解に近いのではないだろうか。機械化や都会化が進んだ現代は、男の強さが発揮しづらい社会に変わってきているのだ。対照的に女性にとって有利な状況になりつつある。これは男性が悔しがっても仕方のない話だ。

不自然な役割分担

現在の日本の社会に存在する伝統的な男女の役割分担には、社会の実態に全くそぐわないようなものが少なくない。合理的な理由のない性別による固定的な役割分担が、日本の社会の随所に見られる。

性別による役割分担の矛盾を示す典型的な例として、料理があげられる。料理は家庭では一般的に、女性の仕事とされる事が多かった。しかし、プロの料理人の場合、状況は全く逆である。プロの料理人には男性が圧倒的に多い。特に、すし職人の場合は女性がほとんどいない。

この事から分かるように、料理は必ずしも男性より女性の方が上手であるとは断言できない。また、必ずしも男性が料理嫌いというわけでもなさそうだ。男性だって、料理を覚えよ

う と思えば女性に劣らない腕前を持つことは容易だろう。「男子厨房に入るべからず」という諺があるが、そのような決まり事が存在する事が、料理が下手あるいは料理をしない男性を作り出す要因となっているのだろう。

こういった性別による役割分担が、男性あるいは女性の適性に合致していない事例は他にもたくさんある。また、比較的新しく出現した仕事にさえ、性別による不可解な役割分担が見受けられる。例えば、ワープロによる文書作成がそうだ。「ワープロを打つのは女の子のやる仕事だ」などと広言する中高年の男性管理職は多いが、「女性の方が男性よりワープロを打つのが得意だ」という説には科学的な根拠は全くない。ワープロを打つのが得意な男性は大勢いる。なぜ「ワープロを打つのは女の子の仕事だ」と言われるのかというと、日本の中高年男性管理職には先端機器に対する適応力が極めて低い不器用な人が多いので、ＯＡ機器を使いこなす事が困難である事が理由の一つだ。そのうえ普段、部下に対しては威張り散らしている人が多いので、いまさら部下に対して「ワープロの使い方を教えてくれないか」とは言いづらいし、部下の前でぶざまな姿を見せたくない。そこで、負け惜しみを言っているのではないだろうか。

性別による役割分担ができあがった理由は必ずしも男女ごとの適性によるものではないが、一応それなりの理由が存在する場合もある。例えば料理を作る場合、「男は外で働き、女は家事を担当する」という決まり事があるために家庭では女性の仕事、プロの料理人は男性という事になったと思われる。

最初の頃は意味があったが、今ではあまり意味が無くなってしまったような役割分担も少なくない。例えば、バスの運転手や建設工事用クレーンのオペレーターなどがそうだ。かつてはバスやトラックなど大型車の運転は男性の仕事とされ、女性の運転手はほとんど存在しなかった。これも初期の頃はそれなりの意味があった。昔は、大型車のハンドルを操作する際に大きな腕力が必要だったり道路の舗装率が低かったり、サスペンションの質が悪かったりしたので乗員の体に激しい振動が加わるなど、悪条件が幾つもあった。そのため、ひ弱な人に大型車の運転は向いていなかった。しかし、今ではバスやトラックの性能は目覚しく向上し、道路の舗装率も高くなっている。パワーステアリングの登場によって、腕力が弱い人でも容易にハンドルが操作できるようになった。今ではバスの運転にとって、腕力などの体力的なハンディはあまり関係無くなっている。

ＯＬがやっているお茶汲みやエレベーターガールの方がよほど体力を使う仕事かもしれない。女性がバスの運転手になっても、能力的には全く不自然ではなくなっている。

既に述べたワープロに関する役割分担についても、技術的な意味が全く無かったわけではない。初期のワープロは性能が悪く使いづらかった。かつては、「ワープロより手書きの方が速い」と言われていた。使う人が下手だったせいもあるが、上手な人でもやはり時間がかかった。起動やデータの読み出し、保存、印刷などにかかる時間が長かった。そのため、初期のワープロは単なる清書機に過ぎなかった。だから、雑用係にまかせる方が能率的という面もあった。それは必ずしも女性が担当する必要はなかったが、女子社員は雑用係である事が多いので、女性の仕事になったのだろう。

しかし、社会が著しく変化し、性別による伝統的な役割分担が現実的では無くなっているにも関わらず、未だに従来の古臭い感覚から抜け出せない人たちが少なくない。それは男女ともに同じような事が言えるのだが、特に年配の男性にその傾向が顕著である。

日本の社会における性別による役割分担の中に実態に合わないものが多い事については、社会の激しい変化に中高年の意識がついていけないという事以外にも理由がありそうだ。「ワープロは女の子の仕事」という意見に見られるように、必要以上に男女の差を強調したがる人がいる事も一因だ。特に男性の場合、やたらと「男らしさ」を強調したがる人が少なくない。どうでもいいような事で「男らしさ」や「女らしさ」に対するこだわりがある。

男が女を守る

「男は女を守らなければならない」という強いこだわりを持つ男性は多い。男性から、「俺がお前を守ってやる」と言われて喜ぶ女性も多い。私はこのような台詞を言う男性やそれを聞いて喜ぶ女性に対して、「本当にそのように思っているのだろうか。どういう神経をしているのだろう」という疑問を持っていた。

男性が女性を守るというのは、一体何から守るというのだろうか。この意味を文字通り解釈すると、「男性が女性のボディーガードとなり、女性を狙う犯罪者から守ってやる」というのが一番自然な解釈であるように思う。

これに対しては、男女平等なのに何故そうしなければならないのかとか、ひ弱な男性は一体どうすれば良いのかといった疑問を持つ人がいるかもしれない。しかし、「男は女を守らなければならない」という主張には男性が強くなければならないとか勇敢でなければならないという以前の大きな問題がある。

それは男性と女性が一緒にいない時間というのは多いし、現実問題として、女性が一人でいる時に犯罪者に襲われる可能性が高いという事だ。無職で暇と体力を持て余しているような男性や自由時間の多い特殊な職業の男性を除いて、一般的な男性社会人には自由な時間があまりない。男性会社員はオフィスなど、自宅から離れた職場に出かけなければならない場合が多いし、男子学生は学校へ行って授業を受けなければならない場合が多いから、常に恋人や妻と一緒に行動しているわけにはいかないだろう。石器時代のような古い時代には夫婦の行動範囲が同じで、多くの時間を共にしていたかもしれないので、男が女を守る事は容易だったのかもしれない。しかし、現代人は行動範囲が飛躍的に広がっている。

男性が単身赴任中に、妻や娘がレイプされたような場合の責任は一体どうなるのだろうか。その場合、男性が女性を守れなかった事に対する責任を取らなければならないのだろうか。

「男は女を守らなければならない」というのなら、妻子のもとに直ぐに帰れないような場所に単身赴任している既婚男性は男失格の筈だ。そもそも単身赴任は、職場が家から簡単に行き来できない場所にある場合がほとんどだ。だからこそ、単身赴任をしているわけだ。しかし、「単身赴任で妻を放っておくような夫は、男失格だ」などというような意見は今まで一度も聞いたことが無い。

という事は、常に妻と離れているような男性は責められないという事になる。つまり、女性と一緒にいて、暴漢から女性を守る事ができなかった男性は責められてしまうが、仕事や浮気や酒の付き合いなどで妻や娘をほったらかしにした男性は妻や娘がレイプされたとしても責められない事になってしまう。これでは、「家族と一緒にいたら妻や娘を守る責任が生ずるから、妻子と離れていた方がいい」と考える男性が出てくるかもしれない。妻を大事にしない男性の方が、妻を大事にした男性より、責められる事が少ないという結果になってしまう。これは、どう見ても不公平な話だ。

このように、「男は女を守らなければならない」という決まり事は単なる形式主義に過ぎない。「男は女を守らなければならない」と言っている男は、女にもてたいために単に格好をつけているだけだ。そんな事を男から言われて喜ぶ女もまた、馬鹿としか言いようが無い。「男は女を守らなければならない」という考えを個人的に実践するのは一向に構わない。やりたければ、勝手にやればいい。しかし、そのような考え方を他人に押し付けるべきではない。

このように言うと、私の事を身も蓋も無い無味乾燥な男だと感じる人がいるかもしれない。しかし、ひ弱な男性や気の弱い男性の中には、このような大して意味の無い形式的な決まり事を聞いて自信を失ってしまう人がいる。その人たちを「男らしさの呪縛」から解放してやる必要がある。

女の子に優しくする理由

「女の子に優しくしなければならない」という事は今まで盛んに言われてきたし、今でも、そのような事をいう人は男女ともに、少なからず存在する。

欧米では、今ではどうなっているのかよく分からないが、つい最近までレディーファーストという習慣があった。「女性に対する保護」は程度や形の差はあっても、ほとんどの国で行われている。徴兵制のある国では、兵役の義務は男性だけという国がほとんどだし、「女子供を殺してはいけない」という事は多くの国で言われている。

では何故、女の子に優しくしなければならないのだろうか。その理由として考えられるのが、「女性は弱いから、守ってやらなければならない」という弱者保護の観点だ。しかし、この考え方については疑問がある。大人の場合は確かに男性の方が女性より体力や体格の平均値が上回っている。しかし、子供について男女の比較をすると、小中学生あたりでは、女子の方が男子より体格や運動能力で上回っている場合が多い。「弱者を守らなければならない」

という思想に基づいているのなら、体の弱い男の子もまた守られなければならないという事になる。しかし、虚弱な男の子はあまり大事にされず、むしろ、いじめの対象になる事が少なくない。子供の間だけでなく、大人からも虚弱な男の子に対してあまり同情的な意見は聞かれないし、「情けない奴だ」と思われがちだ。

また、洋の東西を問わず、古い時代においてはほとんどの国で性別を問わず病人は過酷な扱いを受けてきた。ハンセン氏病などの伝染病患者は、人里離れた山奥に隔離される事がよくあった。

女の子が大事にされてきたのは恐らく、女性が子供を産む能力を備えているという事が最大の理由であろう。鶏の場合、メスの方が高く売れるし、動物の世界でもメスの方が貴重な存在だ。

「女の子に優しくしなければならない」という従来の価値観には母性の保護というそれなりの意味はあったようだ。しかし、これからの時代、従来通りの考え方で果たして良いのかどうか疑問もある。企業などでよく見られる若いＯＬへの過度な甘やかしというのは母性の保護というレベルを遥かに超えているような例も少なくない。若い女性に対する特別扱いが、立派な子供を産む事や育てる事に全く繋がらないような例が多く見受けられる。むしろ、女性に対する特別扱いが母性の保護にとってはマイナスなのではないかと思われるような例すら存在する。

「女の子に優しくしなければならない」という決まり事が果たして母性の保護に役立っているかという事以外にも大きな問題点がある。それは、中高年女性のように子供を産むのが困難な人たちはどうなるのかという事だ。例えば、四十歳を過ぎて未婚で子供がいないというような女性は大変肩身の狭い思いをする事が多い。もし、「女は子供を産むための道具だ。子供を産むからこそ価値がある」と考えるのなら、彼女たちは社会にとってあまり必要ない存在という事になる。彼女たちは、母性の保護という観点からすると、その対象から外れる存在だ。彼女たちの人権は一体どうなるのだろうか。「女の子に優しくしなければならない」という事は、むしろ、一部の中高年女性を苦しめる事になってしまい、女性のためにはマイナスにしかならないのではないだろうか。

男女平等なのに、「女の子に優しくする」というのは性差別以外の何物でもなく、全く今の時代に合わない考え方だ。若い女性にもてたい男の下心である例も少なくないだろう。

お酌と一気飲み

日本では、酒は良好な人間関係を構築する上で欠かせないものとされている。大学や企業などで、飲酒に関して妙な決まり事がある。宴会などの席では、男性は上司や先輩から酒を勧められたら飲まなければならないし、女性はお酌をしなければならない。どこの馬鹿が決めたか知らないが、わけの分からない決まり事だ。酒を飲むのが苦痛な男性もいれば、お酌をするのが苦痛な女性もいる。大酒飲みが男らしくて、お酌をするのが女らしいとでも思っている人がいるらしい。酒を飲むのもお酌をするのも好きな人が勝手にやるというわけにはいかないのだろうか。

プロ棋士の梅沢由香里氏は、酒は嫌いではないが、お酌は嫌いだそうだ。やたらとお酌のようなサービスをするのは、どうもホステスのような気分になって苦手らしい。その気持ちは分かる気がする。梅沢氏に限らず、女性がお酌をさせられる事に対して、女性の側から疑問の声がよくあがる。男性の家来となったような気分を味合わされるのが嫌なのだろう。最近は女性にお酌を強要する事はセクハラになるという事が盛んに言われている。

飲酒については、男性が強要される事はよくあるのだが、女性が強要される事は比較的少ない。男性は宴席などで自分の器に注がれた酒を一気に飲む事を強要される事が多いが、酒に弱い人にとっては大いなる肉体的苦痛だ。女性の場合は、断れば比較的簡単に許してもらえる。

飲酒を強要されるのが肉体的苦痛なのに対して、お酌を強要されるのは精神的苦痛だ。お酌をする事で従属的な立場を連想してしまい、精神的苦痛を感じる女性もいるだろう。

肉体的苦痛と精神的苦痛のどちらがより大きな苦痛であるかは比較が難しい。また、比較する事の意味はあまりないかもしれないが、強いていうなら、飲酒を強要される方がお酌を強要される事より苦痛であると考えられる。今まで、酒の飲み過ぎによって死亡した人は大勢いる。一気飲みは直ちに死に直結する恐れがある。それに対して、お酌をさせられても死ぬわけではない。

しかし、男性が飲酒を強要される事については同情の声はあまりあがっていない。これには加害者が多くの場合、男性であるという事が関係しているかもしれない。飲酒を強要するのもお酌を強要するのも、圧倒的に男性が多い。その点で男性に対して同情の声があがり難いのは理解し易い。

しかし、男性に飲酒を強要する人の中には女性も少なからず存在する。私は酒が大の苦手なのだが、学生の頃、母校のＯＢに飲酒を強要されて困っていた事があったが、大学院生であった女性の先輩は私を庇うどころか、「飲みなさい」と私を情け容赦なく怒鳴りつけた。自分たちの味わっている苦痛に対しては非常に敏感だが、男性の味わっている苦痛に対しては極めて鈍感な女性も少なくない。

日本は、飲酒のルールに関しても、男らしさや女らしさが求められる社会だ。何故、男性は大酒を飲まなければならず、女性は宴席でお酌をしなければならないのだろうか。実に下らない決まり事だと思う。不快感を与えた上に、命まで脅かす危険のある習慣は文化でも何でもない。そのような悪習は直ちに改めるべきだ。

第四章　女性の責任

女性議員の少ない理由

日本の知事や議員は圧倒的に男性が多い。国会議員では、女性議員の割合は全議員の一割にも満たない状態だ。地方の議会でもやはり、男性議員の方が女性議員よりだんぜん多い。これは性差別であるという事が、フェミニストによって盛んに指摘されてきた。

しかし、議員というのは選挙の投票によって決められる事になっている。日本では、選挙権は戦前と違って性別に関わらず一人一票であり、男女平等の筈だ。選挙に不正がなければ、性差別は発生しないようにも思える。女性議員が圧倒的に少ない理由は果たして性差別によるものなのだろうか。この事について検証してみよう。

日本の議会で女性議員の割合が極端に少ないのは、二つの大きな理由が考えられる。

一つは女性議員の立候補者が少ない事だ。女性の候補者が少ない事によって、投票者は女性議員に対する選択肢が狭められてしまう。候補者が女性ではあるが共産党推薦であり、投票者の女性が自民党支持者という場合もあり得る。女性の投票者の中には政策が自分の思想と合わないという理由で、女性議員を選ばない場合もあるだろう。

この事に関しては、確かに日本社会に存在する性差別的な構造に大きな原因がある。日本では選挙に莫大な金がかかるシステムになっている。しかし、女性の平均収入は男性より少ない。この事が女性の候補者が少ない大きな理由の一つであろうと推測される。金のかからない選挙にする、あるいは男女間の収入格差を小さくするというように、日本の女性が持つ経済面でのハンディは改めていかなければならない。

だが、女性の議員が少ないもう一つの重要な理由は、女性自身が女性候補者にあまり積極的に投票していないという事だ。女性の候補者が少ないとはいえ、それにしても選ばれる女性が少な過ぎるように感じられる。今まで私が選挙の際に投票所で候補者の名簿を見てきた経験からすると、候補者全体のうち二割以上が女性候補者だったように思う。しかし、女性の当選者は議員全体の一割にも満たないような状態だ。

男性投票者が女性候補者に対して一票も入れなかったと仮定する。その場合でも、女性投票者が女性候補者に投票した割合は、全候補者の中の女性候補者の割合より少ない事になる。

つまり、女性は女性候補者をあまり積極的に選んでいないのだ。この理由は恐らく日本の女性が保守的だからだろう。女性候補者の比率が比較的高いのは共産党や社民党といった革新政党だ。それに対して保守政党である自民党では、女性候補者の割合は極端に低い。保守に投票するか革新に投票するかは個人の自由だから、その事で女性を責める気は無い。しかし、女性が保守派議員を中心に選んでいる事が、女性議員の数が少ない理由の一つである事は、ほぼ間違いない。

もっと分かり易い例としては、三人の知事候補のうち一人が女性というような場合だ。そのような例は北海道知事選挙で実際にあったが、この場合、候補者の性別による配分に関しては差別とは言えない。しかしそのような場合でも、女性が選挙に勝つ事は難しい。これは、女性が女性候補にあまり投票していないという事実を如実に示している。

立候補者はどのような思想の持ち主であろうと構わない事になっている。「自民党は女性候補をほとんど擁立していない。もっと多くの女性候補を擁立すべきだ」という抗議の投書が朝日新聞に掲載された事があった。私は自民党が嫌いだが、自民党はそもそも「男は仕事、女は家庭」という頑固オヤジ的な思想の集団なのだから、気に食わなければ投票しなければ良い。そんな事を抗議する方がおかしい。

東京都知事となった石原慎太郎氏は、常日頃から性差別的な発言を繰り返している。それにも関わらず、女性の中にも東京都知事選挙で石原慎太郎氏に投票した人はかなりの数になるはずだ。今回の東京都知事選では女性候補はいなかったとはいえ、最も女性に対する性差別思想が顕著である石原氏が女性からも絶大な人気を得ている。石原慎太郎氏の男を感じさせる勇ましい発言に魅力を感じた女性は少なくないようだ。

このように、女性議員や女性知事が少なかったり性差別思想の持ち主である男性の政治家が選ばれたりするのは女性自身にも責任がある。その点はしっかり認識しておくべきだ。

卵が先か鶏が先か

日本の男性の中には、「男は仕事、女は家庭」というような性差別思想を持つ人が少なからず存在する。中高年男性をはじめとするこのような古い固定観念は一掃しなければならない。しかし、このような性別による固定的な役割分担のある社会や、偏った役割分担思想を持った男性を生み出した責任は女性にもある。

「女の子に乱暴してはいけない」と言われた経験のある男性は少なくないだろう。「男の子には厳しくしなければいけない」という事もよく言われる。こういう事は母親が息子に対して教え込む場合が少なくない。女性教師が男子生徒に対して言う事もある。

何故、男の子には厳しさが求められるのかというと、「男性は将来、外で働いて家族を支えなければならないが、女性はどうせ結婚して主婦になるのだから、厳しい社会訓練をしてもあまり意味が無い」という考えがその根拠の一つだと思われる。

日本では、自分の息子を男中心と言われる今の社会に無理やり順応させようとする母親が少なくない。これでは母親が性差別を助長している事になる。日本の母親には息子を企業戦士にしたがる傾向がある。「あなたは労働組合の闘士になりなさい」と息子に教える母親はほとんどいない。「息子を企業戦士にする事は間違っているが、社会が男中心の間違った社会なのだから仕方ない」と思っているのなら、性別による伝統的な役割分担を押し付けたがる古臭い考えの男たちと同じ過ちを犯している事になる。というより、考え様によっては、女性こそが性別による固定的役割分担を押し付けた主犯であると考える事さえできる。母親によって企業戦士に仕立て上げられた男性は、会社に頼らざるを得なくなり、結局、女性に対して「男は仕事、女は家庭」という役割分担を押し付けざるを得ない状況に追い込まれる。

大学卒の女性にも保守的な人は多い。私は、企業のために私生活を完全に犠牲する事を強要される日本社会のあり方に対して常々疑問を感じていた。消費者や労働者の権利を無視した会社中心主義がまかり通っている。このような状況について大学時代、「おかしいのではないか」と同じ大学の女性の同級生と先輩に話をした事がある。すると、彼女たちは私の意見を真っ向から否定し、「社会のあり方を素直に受入れる事のできない方が未熟で間違っている」というような見解を示した。そこでも男性に対して体制順応的な態度を強要する女性が多く見受けられた。企業や権力にやたらと媚びる女性も少なくない。

また、若い女性の中には結婚相手として、高収入な男性を求める人が多かった。「低収入で構わないから、仕事より家事を優先してくれる男性と結婚したい」という意見はあまり聞かれなかった。そうすると、男性としては女性にもてるためには仕事優先にしなければならないという事情があったわけだ。女性自身が古臭い性別役割分担にはまった男性を求めている事は否めない事実だ。「アッシー」、「メッシー」、「みつぐくん」などと男性を呼び、家来のように散々使役していた女性も多い。

そのような男女関係を見ていると、結婚前の男女関係は女性の方が強い立場にあるように見える。このように若い女性が威張り腐っているのは、「女性はどうせ差別されていて、大した働き場も無いのだから、今のうちに男から搾り取っておかないと損だ」という発想があるのかもしれない。男性としては、「結婚前は散々、女の言いなりになって金も使ってきたのだから、結婚してしまったらこっちのものだ」という意識がある。歪んだ関係である事は間違いないが、どちらが先かはよく分からない。どっちもどっちという感じがする。

企業での性差別についても、同じ様な事が言える。女性団体は女性に対する性差別が存在する事を口実に女子保護規定の必要性を主張してきた。しかし、女子保護規定の存在が女性の就職難を招いたという見方もできる。企業は営利団体なのだから、保護しなければならないような社員を雇いたがらないのはむしろ当然だ。女子保護規定などというものは、女性が自らの首を締めるようなものだ。

大学と企業の関係についても、同じ様な事が言える。私は建設業界で働いていたが、会社も大学も男女関係については極めて保守的だった。たまたま、そうだったのかもしれないが、両者のそのような体質は深い関係がある可能性が高い。大学では女性が特別扱いされていた。そのような人たちが社会人となって、保守的な企業を構成しているのかもしれない。また、大学関係者には企業の御用学者が多いから、企業の風土に合わせた教育をしている可能性もある。どちらが先かはよく分からないが、何らかの関係はありそうに思う。

現代日本のあらゆる世代の男性について言える事だが、生まれた時には既に男女の役割分担が固定された社会の枠組みが存在している。男性が母親や女性教師をはじめとする女性から、「男はこうしなければならない。男らしくしなければならない」と押し付けられる事は少なくない。固定された性的役割分担の押し付けについて、「男による女への押付けが先」か「女による男への押付けが先」なのかを辿っていくと石器時代にまで遡る事になってしまう。男と女のどちらが先なのか詮索する事はあまり意味の無い事だ。

もちろん、そのような偏った考えの女性を生み出したのには男性にも大きな責任がある。日本の若いＯＬの中には甘えた社員が少なくないが、中高年の男性管理職が彼女たちを甘やかしたためにそうなってしまった場合が多い。性差別を生み出した原因が、男と女のどちらが先であるかはともかくとして、企業をはじめとする体制に媚びるような態度は男女ともに改めなければならない。

被害者意識だけでは駄目

日本人の特徴として被害者意識が極めて強い事があげられる。アジア・太平洋戦争による日本人の被害者は二百万人から三百万人程度とされている。いっぽう、日本軍によって殺された人たちは数千万人に及ぶ。戦争中に殺された日本人の数より、戦争で日本人が殺した数の方が遥かに多い。しかも、日中戦争を仕掛けたのは日本の方で、戦争の理由は日本国内の深刻な経済危機を侵略戦争によって乗り切る事だった。しかし、日本人には加害者としての意識より被害者としての意識の方が遥かに強い。アメリカによって広島や長崎に原子爆弾を投下された事は多くの日本人がよく覚えている。原爆を投下したアメリカを糾弾する日本人も多い。しかし、日本軍が中国をはじめとするアジア諸国に対して行った侵略行為については無頓着だ。

性差別に対する日本の女性の意識にも似た様な傾向が見られる。「女性は差別されている」、あるいは「女性は差別されてきた」というような事はよく言われるし、日本の社会が「男中心社会」であるという事も盛んに指摘される。しかし、日本の女性は性差別の一方的な被害者では決してない。女性にも加害者としての側面が少なからず存在する。女性の中には、「男が外で働き、女が家事を担当する」という役割分担を積極的に支持してきた人も少なくない。息子に対して、そのような性別による固定的な役割分担を押し付けてきた母親も少なくない。「男だったら、一つの職場で十年は我慢しなさい」と息子に命じた母親もいる。

夫に関しては被害者と言えたとしても、息子に関しては加害者という女性もいるだろう。そのような女性が、一方的な被害者面をする事は許されない。

特に戦前の女性については性差別の被害者であった点がやたらと強調されている。戦前の日本には女性に選挙権がなかった事などがやたらと強調される。しかし、当時の女性についても、性差別の被害者としてだけでなく加害者としての側面がある事を忘れてはいけない。

自分の息子に対して、「お国のために働く立派な軍人になりなさい」と教える母親は少なくなかった。国防婦人会の中には、「贅沢はいけない」、「パーマはいけない」などと余計なお節介をして、積極的に軍国主義の手助けをしていた女性が多い。従軍慰安婦問題についても、男性だけの責任ではない。女性軍属というのがいて、軍人に慰安婦を提供する事に対して様々な協力をしていた。むしろ、女性は積極的に軍国主義に加担してきた。当時は締め付けが厳しく女性が国家に逆らう事ができなかったというのなら、男性だって同じような言い訳をする事ができる。戦争の被害者にしても、男性の方が圧倒的に多い。

また、軍国主義の時代、男性には兵役の義務があったが、女性には無かった。兵役の義務を免除される事と選挙権を与えられる事のどちらがありがたいかは人によって違うかもしれないが、一般的には、「選挙権を放棄する事によって兵役の義務が免除されるのなら、絶対にそちらの方を選ぶ」と考える人の方が多いのではないだろうか。私の感覚からすると、当時もむしろ男性の方が過酷な状況にあったと思える。

女性には兵役の義務が無かったし、タイタニック号沈没の時がそうだったが、船が沈んだ時は優先的に救命ボートに乗せてもらえる。飲み会などの負担金額が少ないし、家まで送ってもらえる、力仕事を免除されるなど様々な特権があった。今でも女性ならではの数多くの特権がある。それらについては与えられて当然の権利だと思っている女性が多いようだ。しかし、男性より損している事柄に対しては極めて敏感に反応し、やたらと権利を主張する女性がいる。

そのような甘えた態度では、発言権さえ失われる。今まで与えられてきた女性特有の権利については自ら積極的に放棄していかなければならないだろう。

弱者の定義

現代の民主主義社会では弱者に対する思いやりが大事だ。しかし、弱者の定義は簡単には決められない。弱者に対して、どのような方法あるいは、どの程度の保護や援助が必要なのかは微妙であり、それを決める事は難しい。

弱者のイメージは人によって多少の違いはあるだろうが、一般的には肉体的弱者を思い浮かべる人が多いのではないだろうか。

具体的な例としては、老人、女性、子供、身体障害者などが一般的だろう。年齢や性別による弱者の分類は比較的容易だが、外見だけでは分かり難い弱者も数多く存在する。手足など外部に障害がある場合は障害者だと分かり易いが、内蔵など体の内部に障害がある場合は弱者であると気付かれ難い。必ずしも肉体的に男性が強者で女性が弱者とは限らない。

また、強者と弱者という分類は単に肉体的な強弱という点だけでなく、収入や社会的な地位や性格などについても関心を払う必要がある。女性の上司と若い男子社員を比べた場合、肉体的には若い男性の方が強い場合が多いだろう。しかし、社会的な立場を考えると、若い男性は従属的な立場にあり、弱者であると考える事もできる。それだけでなく、企業では、若い男子社員が後輩の女子社員よりも低い扱いを受ける場合すらある。体は丈夫だが、気が弱いために苛められたり損をしたりする男性もいる。自己主張の弱い男性に対しても配慮しなければならない。男性と女性が討論した場合について考えると、男性が女性に対して暴力を振るったり、脅迫や威嚇などの行為をしたりしない限り、女性が必ずしも弱者とは限らない。自称フェミニストには大学教授が多いが、女性の大学教授は収入や社会的地位という点では一般的な男性と比べて強者なのだから、男性にも配慮した態度をとるべきだ。

肉体的な弱者や社会的な弱者に対する思いやりは必要だが、彼らに対する保護や援助が行き過ぎると様々な問題が生ずる恐れがある。「女性は弱者なのだから、いたわらなければならない」、「女の子に対して厳しい事を言うとすぐ泣出してしまうのでやりにくい」、「女の子に重い荷物を持たせるわけにはいかない」などと若い女子社員に対して気を使い丁重な扱いをしているうちに、彼女たちの中には男性から女王様のように大事に扱われて当り前と思い込み、ろくに仕事もしないのにふんぞり返っているような思いあがった女も出てくる。こうなってくると、「女性は、果たして弱者と言えるのか」という疑問も湧いてくる。

また、自称フェミニストの中にも傲慢な態度が目立つ女性が多い。田嶋陽子氏がテレビで男性ゲストに対して怒鳴り散らす場面がよく見られる。フェミニストと称する女性が男性に対して強い態度をとれるのは、女性であるという面も多分にあるのではないかと私は感じている。「男は王様で女は奴隷だそうだが、それにしては随分威張る奴隷だな」と感じてしまうのは私だけだろうか。

もちろん、優秀な能力を持ち、責任感と意欲がありながら、社会的に弱い立場に置かれている女性は少なからず存在する。そのような女性に対しては十分な支援と配慮が必要だ。しかし、日本中の全ての女性を弱者として一まとめにしてしまうような考え方には大いに問題がある。中高年の女性や妊娠している女性などに対してはともかくとして、健康な若い女性に対しては弱者としてではなく男性と全く同等に扱うべきではないだろうか。職場で遊んでばかりいて仕事をしないような馬鹿ＯＬや男性にたかるような甘えた女は弱者として手厚く保護するのではなく、怠け者として厳しく扱うべきだ。

そもそも、女性の社会進出を阻んできたのは、「女性は守られるべき弱者である」という考えによるものだ。何か能力的に劣っている面がある人物を企業が受け入れたくないのは当然だ。「無能で虚弱な人物を優先して採用したい」などという企業は存在しないだろう。女性の能力が男性に比べて何一つ劣っていないというのなら、女性を弱者と考えるべきではない。女性が社会から守られるべき弱者かどうかをまずはっきりすべきだ。

「男は強者で女は弱者」というような単純な決め方は改める必要がある。見境無く弱者を守るのではなく、守るべき者とそうでない者を厳しく峻別し、保護の程度と方法についても個々の場合について厳しく吟味する必要がある。また、その時の都合によって、弱者でないと言ってみたり弱者になってみたりするような勝手な態度も慎まなければならない。

弱者の横暴

女性団体には、「日本の社会は女性が差別されるような構造になっていて、女性は支配される側にある」という点をやたらと強調する人たちが多い。この意見自体に大きな疑問があるが、仮に女性が社会的弱者だとしても、女性の言い分を一方的に受け入れる事には問題がある。

私は社会的弱者の立場で考える評論家だ。支配する者とされる者、あるいは社会的強者と弱者という関係にあるものとして、企業と社員、メーカーと消費者などが代表的な存在としてあげられる。私は基本的に、労働者と消費者の味方だ。企業の巨大資本の前では、労働者や消費者は、極めて弱い存在だ。労働者の中にも消費者の中にも企業の横暴に泣かされてきた人は数多く存在する。これからは労働者と消費者を守る仕組みが必要になる。

しかし、常に社員や消費者が企業に対して被害者かというとそうではない。社員の中には、ろくに働かないくせに権利ばかり主張する者もいる。特に中高年の男性管理職や若いＯＬに多いのだが、全く活躍しない者すら存在する。日本では労働組合は完全に御用組合になっていて、労働者の権利は全く保障されていない。しかし、企業の立場に立って見ると、全く働かない社員でも簡単に解雇する事ができない。

これはメーカーと消費者の関係についても同じ様な事が言える。私自身メーカーの横暴に対して、苦々しく思う事が少なからずあった。メーカーのアフターサービスの悪さに悩まされる消費者は多い。しかし、その反面、暴力団顔負けの横暴な消費者も存在する。

日本の社会は一般的には労働者や消費者など弱い立場の人たちの権利が保証されていない。しかし、逆に言うと、完全に開き直った弱者に対しては、打つ手なしという事も言える。全く働かないような社員や言い掛かりをつけてきた消費者から会社が不利益をこうむったとしても、逆に会社が泣き寝入りという事は珍しくない。

このように強者が弱者から理不尽に苦しめられる事に対しては、横暴な弱者に対する厳しい制裁が必要だ。これは真面目な労働者が生活に困ってストライキで経営者と対抗するのとは全くわけが違う。このような横暴な弱者は、むしろ、真面目な弱者にとって敵と考えるべきだ。働かない社員がいる事で、その分を真面目に働く社員が負担する事になる。言い掛かりをつけてメーカーから金を巻き上げる消費者がいる事で、その分を真面目な消費者が負担する事を余儀なくされる。

このように、不当に虐げられている真面目な弱者と権利ばかり主張する横暴な弱者とは、全く別のものとして考えなければならない。男女の関係についても同じ事が言える。女性団体は、女性が支配される側にある事を理由に女性に対する様々な特権を要求してきた。例えば、女子保護規定や男性から暴力を受けた女性専用のシェルターを作る事などだ。

しかし、女性によってなされた主張の中には、女性が支配される社会構造になっている事とは全く関係なさそうなものや因果関係が明瞭でないものも少なくない。セクハラにしても同僚の男性より出世が遅れた場合にしても男性から暴力を受けた場合にしても、女性に対する偏見によるものはかなり多く存在するだろう。

しかし、全てを性差別のせいにしてしまい、社会的弱者の地位を利用して甘える態度は感心できない。個々の例について見れば、性差別とは何の関係も無いものもあるだろう。ろくに働きもしないで出世が遅れた事を逆恨みする者もいるだろう。ＯＬの仕事に対する緩慢な態度を注意して、セクハラのように言われた男子社員もいる。「性差別だ」とか「セクハラだ」と騒がれるとお手上げという状態になってしまった。

これを読んで怒る女性がいるかもしれない。もちろん、多くの女性が性差別やセクハラに苦しんでいる事だろう。その人たちは救わなければならない。しかし、問題は、本当に困っている女性が救われず、弱者としての立場を悪用した女がのさばっている事だ。そのようなずるい女は、女性にとっても敵と考えるべきだ。差別する男性に対するものに負けないくらい厳しい制裁を加えなければならない。そのような女に対しては、女性自身が厳しくしなければならない。

逆差別を許すな

一般的に差別を受ける立場に置かれていると考えられている人たちに、黒人、女性、在日アジア人などがあげられる。人種差別や性差別などの不当な差別はあってはいけない事だし、差別をした者については厳しい社会的制裁を加えなければならない。

社会的弱者と考えられている人たちに対して、アメリカなどの先進国をはじめとする多くの国では優遇策がとられている。例えば、アメリカでは黒人や少数民族が入学しやすいシステムが多くの大学で採用された。しかし、この事については白人から、「黒人や少数民族を特別扱いするのは逆差別ではないか」という抗議の声もあがっている。社会的弱者に対する優遇策は必要かもしれないが、弱者と思われている人に対する行き過ぎた優遇策は、逆差別を生みかねない。

また、差別されている立場を逆に悪用しようとする者もいる。アメリカでは、上司が白人で部下が黒人というような場合、上司は部下に注意しづらい状況があるらしい。白人の上司が黒人の部下にきつく注意すると人権団体がうるさいので、怠けている黒人の部下がいたとしても、厳しく叱りにくいようだ。多分、これはごく一部の黒人の話であり、大部分の黒人労働者は真面目なのだろう。しかし、差別される側と考えられている黒人という立場を悪用して、不当に利益を得ようと企む者がいると、真面目な黒人が迷惑する事になる。「だから、黒人は駄目だ」という印象を与え、差別する口実を与えてしまう事になり兼ねない。

これは女性に対する性差別についても同じような事が言える。女性は昇進に関する差別やセクハラなどを受ける事がよくあるが、それに対してフェミニストが強い態度で望むようになった。それ自体は多いに結構な事だ。不当に抑圧されている女性は積極的に解放して欲しい。しかし、女性の中にも差別されている立場を、逆に悪用しようとする不届き者がいる。男子社員が女子社員の緩慢な仕事ぶりを注意すると、女子社員は男子社員からあたかもセクハラを受けたかのような言い方をしたりする。私自身もろくに働かない女子社員の勤務態度を注意したところ、総務部長から呼び出されて一方的に怒鳴られてしまった。

女性が男性から受けたセクハラや性差別を厳しく糾弾するのは一向に構わないのだが、被害を訴える女性の中には本当は性的な被害を全く受けていないにも関わらず被害を受けたふりをする人もいる。だから、両者の言い分をよく聞く事が大事で、男性に対して「疑わしきは罰する」という態度で接してはいけない。「出世できなかったのは性差別のせいだ」というような訴えはよく耳にする。「女性は差別されているのだから、様々な保護を受けて当たり前」と自分に都合よく考える人もいる。それに対しては個々の場合について、主張の是非を厳しく峻別しなければならない。

また、男性と女性が議論する場合、男性が暴力を使ったり暴言を吐いたりしないかぎり、男性が強者で女性は弱者という事にはならない。男子学生と女性大学教授の場合、社会的立場は女性の方が強者と考えられる。よく議論になると、男性に暴言を吐く女性がしばしば見られるが、「女性は弱者」と思い込み甘えているのではないだろうか。社会的立場の強い女性は、自分が強者であるという自覚を持って男性に接するべきだ。

性差別の構造を悪用しようとする不届きな女性が一人でもいると、「だから、女は駄目だ」と女性全体に対する評価が下がってしまう事になり兼ねない。また、そのような女の存在は、男性によって女性を職場などから排除するための口実にもされ兼ねない。性差別を悪用しようとする女は、男性にとってだけでなく女性にとっても敵と考えるべきだ。そのような女に対しては、女性に性差別をする男に対する以上に厳しくしなければならない。

男女平等と女性差別反対の違い

女性が性差別の問題について考える場合に重要なポイントは、男女平等の社会を目指すのと女性に対する差別や偏見に反対するのとでは意味あいが大きく違ってくるという点だ。男女平等運動は女性に対する差別や偏見だけでなく、男性に対する差別や偏見も無くす事を目指している。しかし、女性に対する差別の反対という事は、男性に対する差別や偏見については必ずしも配慮がなされていない事がおうおうにしてある。

日本では女性ならではの様々な特権がある。例えば、日本の女性には男性から食事を奢ってもらうのが当たり前だと思っているような人が少なからず存在する。女性の自立が進んでいる欧米では、「自分の食べた代金くらい自分で支払うのが当たり前だ」という風潮がある。日本の女性には、「日本には、男性が女性に食事を奢る文化がある」と主張する人もいる。しかし、私にとっては、この習慣は日本の文化ではなく、日本人の意識が単に遅れている事の証明のように思えてならない。

こういう事を言う女性は、自分にとって都合よく文化を解釈しているだけの話だ。

文化を自分にとって都合よく解釈するような例は男性の側にも見られる。「夫が妻を殴るのは日本の文化だ」と主張する男性もいる。女性による「男性が女性に食事を奢るのは、日本の文化だ」という主張はこれの裏返しと考えられない事もない。日本では男女共に文化を都合よく解釈するなど勝手なところがある。

男性が重い荷物を持つのが当たり前と思っている女性もいる。男性が女性の荷物を持ってあげる事自体は悪い事ではないが、その事を当たり前と思われては困る。本来自分の荷物は自分で持つべきであり、荷物を男性に持ってもらうような場合は感謝すべきだ。

男性が女性を家まで送るのが当たり前と思っている女性もいる。これについても、男性が女性を家まで送ってあげて悪いとは言わないが、それを当たり前と思われては困る。この場合もまた、送ってもらった男性に感謝すべきだ。

男性には性の違いによる差別や偏見を捨てる事が求められている。しかし、完全な男女平等思想を持った男性がいたとしたら、日本の平均的な女性はそのような男性の言動を果たして快く受け入れるのだろうか。女性に対して、「デートの食事代は割り勘にする。自分の食べた分は、お前が自分で払え」、「自分の荷物は、自分で持て」、「お前は歩けるのだから、家まで送ってやる必要はないだろう。自分で家に帰れ」などと言う男性を素敵だと思う女性はどれだけいるのだろうか。そのような事を言う男性はおそらく女性にもてないだろう。

また、職場や大学などにおいては、同僚の女子社員や女子学生に対して男性に対する場合と同じ様な態度で接する男性は、女性からの人気は低い。そういう男性は責任を持って働くキャリアウーマンには好評なのかもしれないが、日本の企業によく見られる甘えたＯＬからは極めて評判が悪い場合がほとんどだ。男子社員から女王様のような丁寧な扱いを受けたり、お土産やプレゼントを貰ったり、「女性は大事にされて当たり前」と思っている女子社員は少なくない。私は勤務態度が極めて悪い同僚の後輩女子社員を注意した事があったが、彼女は私に対してふてくされた態度をとった。甘やかされている女性にとっては男女平等思想の持ち主である男性の言動は、不愉快極まりないと感じる場合が多いようだ。

単に女性に対する差別だけを無くすだけでは意味がないのであって、男性に対する差別や男性の受けている不利益についても改める必要がある。男性もまた、女性を甘やかすような習慣をできるだけやめるように努力すべきだ。男女平等を訴えておきながら、女性だけに与えられてきた特権をいつまでも捨てようとしないのでは困る。そのような甘えた態度は通用しない。欧米の女性は従来与えられてきた特権を積極的に放棄する努力をしてきた。日本の女性も積極的に女性だけの特権を自ら放棄すべきだ。そうでなければ、男女平等を唱える資格は無い。

閉鎖的な女性団体

私は性差別問題について語る女性団体の集会に何度か参加した経験がある。全ての女性団体について当てはまるわけではないが、中には閉鎖的な組織もあった。彼女たちの中には男性の保守性については厳しく糾弾するのだが、自分たちの傲慢さや閉鎖性については省みない人もいる。

私は、「『女性に対する暴力は許せない』という表現は、男性に対して差別的な表現だ。『異性に対する一方的暴力はいけない』というような、男性にも配慮した表現に直すべきではないか。また、女性から暴力を受けた男性もシェルターに受け入れるべきではないか」と何度か女性団体主催の会合で主張した。しかし、納得のいくような返答が帰ってこない時もあった。質疑応答の時間が足りないなどの理由で私の疑問に関する質疑が途中で打ち切られたりもした。実際には、質疑応答の時間が足りなかったわけではなく、自分たちに都合の良い意見については長時間の発言が許された。同じ女性が長時間喋りまくる場面もあった。要するに自分たちに都合の悪い発言はさせたくないのだろう。

東京都立大学の、ある女性教授によると、女性問題に関する集会で私以外にも質問する男性はいるらしい。男性を無視して発言させないわけにはいかないので、一応発言はさせるが、如何にして排除するかに腐心している様子だった。男性の発言には、「男性が女性に暴力を振るうのは、女性が強くなったからだ」というようなあまり感心出来ないような意見も確かにある。

しかし、男性からの質問が全て差別的というわけでもない。例えば、「女性センターの女性という名称は改めるべきではないか」という主張もある。正しいかどうかはともかくとして、これを差別的な発言とは思わない。「『女性に対する暴力は許せない』という表現は、男性に対して差別的な表現だ。『異性に対する一方的暴力はいけない』というような男性にも配慮した表現に直すべきではないか」という意見にしても全く性差別意識とは関係ない。

二次会に参加して非常に不愉快な思いをした事もある。男性は私しかいなかったのだが、女性団体のメンバー数人から激しく怒鳴られた。怒れる女性が多く、さながら、女やくざという感じだった。「女性に対する暴力は許せない」という表現と夫婦間暴力に関して女性だけをシェルターに収容するという構想に否定的な私の態度に対してなのだが、私の主張はそれほど横暴だろうか。私は女性に対する夫や恋人の暴力を容認しているわけでは決して無い。仮に私の主張が間違っていたとしても、話し合いで解決するのが原則ではないだろうか。一人の男性を集団で怒鳴りつけるというのも暴力の一種ではないのだろうか。私はその事についてせいぜい数十分ほど話しただけなのだが、「私たちが変える気がないといっているのに、あんたはしつこいんだよ」と怒り狂っていた。民主的な態度とはほど遠い。男性の暴力を厳しく糾弾しながら、自分たちの行為には無頓着というのは勝手すぎる。

その後、三次会があったようなのだが、彼女たちに、「ここから先は私たちだけの話し合いだから、あんたは帰って」と言われた。自分たちだけで固まって、同意しない男性は徹底的に糾弾し、排除しようとする。そのような態度ではなかなか社会から受け入れられないのも当然だ。

閉鎖的な女性団体は、態度を改める必要がある。

第五章　フェミニストの不可解な主張

強引な解釈

日本では、フェミニストと称する女性に強引な意見の持ち主が少なからず存在する。

かつて、日本の女性解放運動の先駆け的な存在であり国会議員でもあった市川房枝氏は、一九七〇年代に即席ラーメンのコマーシャルに対して激しい抗議運動を展開した事がある。槍玉に挙げられたコマーシャルの台詞の中に、「私つくる人。僕、食べる人」という部分があった。女性が「私、つくる人」、男性が「僕、食べる人」という台詞を言っているのだが、その事が大きな問題になった。女性が料理を作る人であるという性別による固定的な役割分担がいけないという主張だった。市川氏による激しい抗議の結果、このコマーシャルは結局、放映中止になった。

当事、小学生だった私は女性団体のこのような乱暴な行動に対して大きな脅威を感じた。「これはどう考えても言いがかりだ。このままでは日本の男性は、いずれ女性の奴隷にされてしまうのではないだろうか」。女性団体というのは怖い存在だという強い印象が残った。この件に関して、不快に思ったり脅威を感じたりした男性は恐らく私以外にも大勢いただろう。

田嶋陽子氏も強引な解釈を盛んに行っている。テレビ朝日の「たけしのＴＶタックル」に出演して、男性ゲストを相手に喚き散らしている。彼女は、演歌や童謡などの中から無理やり性差別の証拠と称するものを探し出して大騒ぎしている。彼女の主張には、「これが本当に性差別なのか」と疑問に思われる例が数多く見受けられる。「女性用の大きな靴が売られていないのは、小さい足の女性を好む男社会の陰謀によるものだ」というような、言い掛かりとしか思えない主張が少なくない。単に田嶋氏の足が大きいから自分に合う靴が無いだけの話であって、古代中国の風習である纏足とは全くわけが違うように思われる。女性用の大きな靴が売られていないのは、大足の女性を嫌う男社会の陰謀と言うより、シューズメーカーの単なる怠慢と考えるべきだろう。彼女の言動は、単に男性に対して個人的な復讐をしているだけとしか思えない。

女性がモデルになっているポスターに対して、「レイプを連想させる」といった抗議がなされた事があった。広告主の企業は簡単に要求に屈してしまう事が少なくない。私には、この人たちの神経が分からない。

確かに、日本の社会には性差別が溢れているし、それはすぐに直さなければいけない。男性の責任も極めて重い。

しかし、明らかに性差別と分かるような例は他にいくらでもある。例えば、筑波大学の中川八洋教授は、「少子化で国は滅びる。男は二号、三号に子供を産ませたらよい。女は四十すぎたら肉のかたまりだ」と明らかに女性蔑視と断言できる発言をしている。それなのに、どうでもいいような例を持ち上げて大騒ぎしているのは性差別を追求する上で全く逆効果のような気がする。どうでもいいような事で大騒ぎするのは、却って性差別を追及する側のいかがわしさが増してしまうのではないだろうか。もしかすると「男は仕事、女は家庭」と主張する保守派の頑固オヤジの回し者なのではないかとすら思えてくる。

また、自分たちが少しでも不愉快に感じるものについては一方的に性差別と決め付けて厳しく糾弾する一方で、「女性に対する暴力は許せない」などという男性に対する差別的な表現に対しては極めて無神経な女性もいる。女性への性差別を連想させるポスターなどを見つけようものなら、猛烈に抗議するが、男性の抗議に対しては全く耳を傾けようとしない。そのような人たちには、「人のふり見て、我がふり直せ」と言いたくなる。

男性に対する差別的な表現やコマーシャルだって、女性に対する性差別的表現に負けないくらいたくさん存在する。女性が男性に金を使わせたり奉仕させたりする性差別的なコマーシャルもあった。

フェミニストと称する女性には、乱暴で下品な人も大勢いる。私はこのような人たちを似非フェミニストと思っている。本当のフェミニストというのは暴力的でも押付けがましくもない筈だ。

セクハラの定義

セクシャル・ハラスメント（性的嫌がらせ）という言葉は今では日本の社会にすっかり定着したが、その定義をめぐって論争になることが多い。職場で女性の髪型を話題にしただけでセクハラになるという主張もある。男性の側からセクシャル・ハラスメントの定義は曖昧であるという主張がなされる事も多い。

それに対してフェミニストと称する女性の中には「女性が不愉快に感じる事は全てセクハラで、そんな事も分からないような男は鈍い」というような意見を持つ人もいる。

しかし、セクハラの定義の曖昧さに疑問を持つ男性が鈍いとは必ずしも言えない。セクハラかどうかの判定が微妙であるような例は決して少なくない。数年間に私が職場で経験しただけでも、セクハラかどうか第三者による判定が微妙な例は幾つかある。むしろ、フェミニストと称する女性の方が夢想家で、職場での性差別の実態がよく分かっていない場合が多い。

私が言いたいのは、「ハンサムな男なら許されて、醜男がやるとセクハラか」とか「女性の髪型を話題にしたくらいでセクハラになるのか」といった低レベルな話とは全くわけが違う。

例えば、女性であるために男子社員より出世が遅れたような場合はどうなるのか。もし、これがセクハラであるとするなら話は単純ではない。女子社員が同期入社の男子社員と比べて出世が遅いような場合があったとしても、そういう話を聞いただけでは性差別なのかどうか第三者には判定が難しい。女性だからではなく、単に働きが悪かったから出世が遅れたという可能性もある。これは、罰則を男女雇用機会均等法で定めれば解決するという単純な問題ではない。企業の人事評価システムを外部にも客観的に分かるような制度にしなければならない事になってしまう。これは長年に渡って年功序列でやってきた日本企業にとって極めて難しい課題だ。企業にとっては公平な成績評価ができるかどうかは死活問題だ。公平な能力評価が簡単にできるくらいならとっくにやっている筈だ。女性の出世が遅れた事が差別かどうかの判定は極めて難しいのが現状だ。

女子社員が与えられた仕事をしなかったので、叱った場合はどうなるのか。甘やかされている女子社員の場合、勤務態度を注意する男子社員の事を不愉快に思うだろう。それをセクハラと言われてしまうのでは、低能あるいはやる気の無い女子社員を野放しにする事になる。与えられた仕事というのが女性のみに押し付けられる雑用の場合はどうだろうか。例えば、女子社員がお茶汲みを拒否した場合などである。それは、必ずしもわがままとは言えないだろう。女子社員が与えられた仕事をしなかったので、叱った場合についても、簡単には差別かどうかの判定はできない。

肉体的接触があった場合でも、男性にいやらしい意図が無く、業務上触る必要があった場合はどうなるのか。例えば、勤務時間中にぐっすり眠っている女子社員がいたとする。緊急の仕事があって直ちに起こさなければならないのだが、「起きなさい」と言ってもなかなか起きない。その時に男子社員がその女子社員の肩を揺すって起こそうとした場合はどうなるのか。もし、眠っている社員が男子社員だったら、恐らく殴ってもあまり問題にならないだろう。寝ている女子社員を揺すって起こすのをセクハラと認定するのなら、これは逆差別であると考えることもできる。

これらの例は、男性によって無理やり考え出された不自然で非現実的な例であると感じる女性がいるかもしれない。しかし、後の二つの例は、私が似たような事を実際に職場で経験している。最初の例についても、新聞などで似たような話をよく見かける。決して不自然な作り話ではない。実際に起こり得る、セクハラかどうかが微妙な事例というのは莫大な数になるに違いない。

性的嫌がらせをした男性には厳しくしなければならないという意見には大賛成だ。しかし、セクハラという言葉が社会に浸透してくると、逆にこれを悪用しようとする卑怯な女も出てくるだろう。実際には性的嫌がらせを全く受けていないのに、あたかもセクハラを受けたかのように見せかける悪質な女に対しては、セクハラをした男に負けないくらい厳しい制裁が必要になる。

逆に、男子社員が女子社員と共謀してセクハラを悪用する場合も有り得る。自分が嫌いな男子社員を追い出すために女子社員を使って、如何にも痴漢行為を働いたかのような証言をさせて、失脚させるという卑怯な手段を使う男がいてもおかしくない。

現に女子社員を使って、嫌いな部下を追い出そうとした卑劣な上司が私の勤めていた会社にはいた。こうなってくると、最初意図していた「男性の横暴から女性の人権を守る」という目的から完全に外れてしまう事になりかねない。

フェミニストと称する女性には大学教授も多いが、会社などをはじめとする社会の実態というものが良く分かっていないと思われる人が少なからず存在する。話を聞いていると勉強不足であると感じてしまう事がある。セクハラの定義については詳細に定める必要がある。「疑わしきは罰する」では罪も無いのに罰せられた男性はたまったものではない。

平均値の平等が目的か

フェミニストと称する女性の中には女性の平均収入や女性の経営者の数が圧倒的に少ない事を強調する人が多い。もちろん、これは性差別によって生じた格差だから、不満を表明するのは間違いではない。

しかし、これらの男女間格差を解消するために強引な対策を講じる人も少なくない。中には、女性の社会進出が順調に進まない事に業を煮やして、女性を受け入れない企業などに対して罰則を適用しようとする女性団体もある。罰則には実効性があるという前提で、導入を主張しているようだ。しかし、このような強引な態度には疑問がある。

強引な対策の一つがクオーター制の導入だ。クオーター制は議員数などで女性の割合の最低水準を決めて、女性の社会進出を積極的に進める事が目的だ。これについては逆差別だという意見もある。この方式では能力の低い女性が容易に高い地位についてしまう恐れがある。クオーター制の導入を唱えるフェミニストが主張する男女平等というのは、男性の損得の平均値と女性の損得の平均値が一致すれば良いという事なのだろうか。「個々の男性についてみれば、損をしている人も得をしている人もいるだろう。個々の女性についても、損をしている人も得をしている人もいるだろう。しかし、男性全体の平均値と女性全体の平均値が一致すればそれで良い」という考えなのだろうか。この考えについても、やはり釈然としないものがある。

また、「男性と女性の能力がほぼ同じ場合は女性を優先して採用する」という決まり事もできた。これは、明らかに男性に対する性差別だ。同等の能力なら同等に採用したり昇進させたりすべきだ。しかし、男性からの反論は何故か少ない。

本来、男女平等運動は機会の均等が目的の筈だったのが、いつのまにか結果の平等が目的になってしまった。果たしてこれで良いのだろうか。このようなやり方で、仮に男女の損得勘定の平均や議員数などが同等になったとしても、大きな問題が残る。

これだと、優秀な女性が損をして、無能な女性が得をする事になる。個々の女性についでは平等とは言えない。

例えば、大学でクオーター制を導入する場合を考える。工学部には女性教授は極めて少ない。人文社会系でもやはり男性教授より数は少ないが、理工系よりは女性教授の割合は高い。仮に全ての学部で教授の男女数を半々にするという規則を作ったとする。そうすると、女性は工学部教授には比較的容易に就任できるが、人文社会系の教授になろうとする女性にとっては工学系の女性と比べて相対的に不利になる。

女性役員や女性管理職の数が極端に少ない会社が、必ずしも性差別をしているとは限らない。企業の担当者は全く性差別意識を持っていないが、女性の応募が少なかったり優秀な女性が集まらなかったりする可能性がある。社会全体として見れば、企業で女性役員が極端に少なかったりするのは性差別であると考えてもほぼ間違いないだろう。しかし、個々の企業あるいは短期的な期間については全く性差別をしていなくても、女性の役員数などの割合が極端に少なくなるという可能性は十分にある。

このように単に男女の平均値を揃えるだけでは、個々の女性あるいは男性の間で不公平が生じてしまう。また、無理に男女の割合を均衡させようとすると、困った事態が起こるだろう。そもそも、女性に人気の無い会社や職業だってたくさんあるのだから、女性の応募が少ない会社はどうなるのだろうか。もし、法律に違反しないために女性の待遇を男性より良くするのなら、それは男性に対する性差別という事になってしまう。また、罰則規定が出来た事を口実として、これ幸いとばかりに自分の妻や親戚の女性や愛人といった女性を役員にしようとする男性経営者が出て来る可能性もある。形式的に女性役員を置いたとしても、根本的な女性の解放には繋がらない。むしろ、一部の男性に都合よく利用されてしまう恐れがある。大して才能が無く意欲も低い女性が、女性であるというだけで出世できたとしたら、それこそ、性差別ではないのだろうか。

また、クオーター制は女性だけでなく、在日アジア人をはじめとするあらゆる被差別者に当てはめなければならなくなる。在日アジア人や黒人も一定の割合で入れなければならないだろう。こうなると能力はどうでもよくて、バランスだけが基準になってしまう。あまり現実的ではない制度だ。

凡人と言われる男が首相になったり単なるでしゃばり男が東京都知事になったりする現状を見ていると、女性でも首相や知事は十分勤まるだろう。女性の経営者や政治家が少ないのは確かに差別や偏見と関係している。しかし、だからといってクオーター制を導入するというのは強引過ぎないか。

男女平等というのはあくまで機会の均等が大事なのであって、例えば「議員や管理職などの選定の際に性差別的な意識は一切存在しなかったが、結果的に男女の比率が九対一になった」というのなら、それは性差別ではないと考えるべきではないだろうか。逆に議員の男女比率が一対九になっても一向に構わない。

そもそも、法律で制定したくらいで差別が無くなるのなら世界中に存在するほとんどの差別はとっくに無くなっている筈だ。これは、性差別に限らないが、差別を禁止する法律は世界中のほとんどの国で存在する。日本でもアメリカでもそうだ。それでも、人種差別や性差別は世界中に存在する。厳しい法律のある国が、必ずしも、差別が少ない国とは言えないのが現状だ。

女性だからといって差別されるのはおかしいが、女性だから特別扱いされるのもおかしい。

女性学のための女性学

フェミニズムは本来、男女平等の社会にする事や不当に抑圧された女性を解放する事などが主な目的だった筈だ。しかし、大学などで女性学と称するものを教えている女性教官の中には女性学を教える事自体が目的になってしまい、フェミニズム本来の目的から大きく外れたような事例がしばしば見受けられる。男性に対する憎悪感を煽り立てるような意見やヒステリーで一方的で攻撃的な意見を述べる人もいる。中には、男性に対する復讐が目的なのではないかと思われる言動もある。個人的感情で男性を責めている人がいる。

フェミニストと称する女性には、大学教授が少なからずいる。それらの女性教授には女性学以外の教科が専門の人が少なくない。本来与えられた仕事は外国語教育なのだが、片手間で女性学を教えている人もいる。中には、与えられた仕事は女性学以外の仕事だが、大学教授という権威ある立場を利用して勝手に女性学を教えている人もいる。例えば田嶋陽子教授は著書『もう、「女」はやってられない』（講談社）の中で、もぐりで女性学の講義をした事を告白している。私は、フェミニストと称する教授のこのような態度に対して苦々しく思っている。これは数学教師が勝手にマルクス・レーニン主義を教えているようなものだ。そんな事をする大学教授がいれば、普通の大学なら恐らく懲戒免職になってしまうだろう。なぜ大学で、もぐりの講義が許されるのだろうか。大学教授が自分の講義で勝手に女性学を教えるのは明らかにルール違反だ。女性学の講義に大学教授の権威を利用するのでは、「男は仕事、女は家庭」と主張する保守派の頑固親父の単なる裏返しではないだろうか。もし、女性学がそんなに大事なら、外国語を教えるのをやめて、女性学だけ専門に教えるべきではないか。女性だったら、こんな勝手な事が許されるのだろうか。

また、フェミニストと称する女性大学教授の中には、テレビ番組などに盛んに出演しているタレント教授もいる。テレビは影響力が極めて大きいので、フェミニズムを浸透させるという点では大きな効果が期待できる。フェミニストがテレビに出演してフェミニズムを大衆に教える事自体は一向に構わないのだが、そんなにテレビ出演したいのなら、大学の教官を辞めて毎日のようにテレビ番組に出演してはどうだろうか。

田嶋陽子教授の場合、「噂の眞相」によると公演料が法外に高いとされている。彼女は、テレビ朝日の人気番組である「たけしのTVタックル」にも盛んに出演している。彼女の言動を見ていると、男女平等社会の実現や女性の解放のために頑張っている女闘士というより、金儲けや男に対する復讐など個人的な目的でやっているように見える。彼女の考え方には一向に進歩が感じられず、その点を「たけしのTVタックル」の出演者からも盛んに指摘されている。むしろ、男性が性問題について進歩的な考えを持つことを拒んでいるようにさえ見える。少人数で地味に女性学を研究している一般の女性の方が、田嶋教授よりよほどましな意見を持っているように思う。フェミニストと称する大学教授は、性差別の実態が良く分かっていないのではないだろうか。中には不勉強な人もいる。田嶋教授も恐らく最初のうちは、真面目に男女平等社会の実現を考えていたのだろう。純粋に社会の歪を正そうとして、行動を起こしたのだろう。しかし、代表的なフェミニストとして全国的に有名な存在になってくると、女性学が金になる事に気付き、次第に守銭奴に変わっていったのではないだろうか。田嶋陽子氏の発言には聞くに堪えない暴言が多い。女性にさえ、彼女に対して批判的な意見を述べる人が少なくない。このような有様では女性にとって、却って迷惑ではないだろうか。厳しい言い方をすると「女性の敵」だ。実際に女性の中にも、彼女に反感を持つ人は多いようだ。

フェミニストと称する女性教授の中には夢想家も存在する。偏差値エリートにありがちなのだが、勉強はよく出来るが融通が利かない人がいる。頑固オヤジの単なる裏返しにしか見えない。例えば、半ば常識となっている馬鹿ＯＬの実態を知らない人もいる。法律にはやたら詳しい女性教授もいるが、単に法律を改正すれば性差別が解消するわけではない。エリート学者の単なる自己満足に過ぎないような例も目立つ。机の上の勉強はよくしているが、社会勉強が足りないのではないだろうか。その点は、男性の高級官僚や大企業の経営者と通じるところがある。

彼女たちにとっては性差別が無くなるという事は仕事が無くなり、収入を失ってしまう事になり兼ねない。女性を救うためではなく、本当は自分の収入を得るための女性学だというのは考えすぎだろうか。

大学での女性学の講義については、徹底的に検証してみる必要がある。

なぜ、男は連帯責任なのか

日本人は、連帯責任が大好きな国民だ。神戸で中学生による連続殺人事件が発生したが、それに対する反応は異常だった。日本中に存在する何万人という中学生のうちのたった一人が凶悪な罪を犯したというだけで、日本中の全ての中学生が凶悪犯罪者のような言い方をされてしまった。

直接的な理由によるものではない差別は世界中に少なからず存在する。例えば、欧米のレストランでは、「日本人お断り」という店があった。今ではどうなっているのか知らないが、かつてはそのような店がけっこうあったようだ。欧米のレストランのオーナーが日本人の客を排除したがるのは、必ずしも日本人の肌の色が白人と違うからという理由ではないようだ。日本人は大きな音をたててスープを飲んだり、集団で傍若無人な振る舞いをしたりするなど行儀が悪い人が多いからというのが理由らしい。これは人種による偏見とは多少違うかもしれないが、全ての日本人の行儀が悪いわけではないので、人種差別と言われても文句は言えないような行動だ。

日本でも似たような例がある。日本の浴場では「外国人お断り」という所が少なくない。その事が最近、盛んに話題になっている。店側としては、「外国人には入浴のマナーを知らない人が多いから、断っている」という言い分がある。だがこれもまた、人種差別と言われても仕方ないような態度だ。

特に、日本人はある特定の集団を一方的に悪者と考えてしまう場合が多い。例えば、性差別については「男が悪者で、女が被害者」とされる事が多い。人種差別については、白人が最大の加害者として槍玉にあげられる事が多い。「加害者が白人で、被害者が有色人種」という構図が多くの日本人が持つイメージだ。世代別に分けて考えた場合、中高年からは「今の若者はけしからん」というような意見がよく聞かれ、若者が非難の対象にされる事が多い。

これらの批判を聞いていると、日本の画一化教育の弊害を感じてしまう。「男は保守的で、女を支配したがる」とか「白人は差別的思想の持ち主だ」とか「今の若者は礼儀知らずだ」といった意見は一面的であり、極めて視野が狭い意見と言わざるを得ない。個々の男性や白人や若者については、必ずしも当てはまらない。また、これらの主張の背景には、個人的な劣等感や偏見があるような場合が少なくない。

例えば、「白人は差別的だ」という意見に対しては、私はちっともそうは思わない。私は子供の頃から容姿のことで侮辱される事が多かった。大人になってからも、どうしようもない醜男のように言われる事が何度もあった。しかし、私は白人から容姿の事で馬鹿にされた事は一度もないし、黄色人種に対する差別意識も一切感じなかった。むしろ、日本人の方がよほど人種差別という点ではたちが悪いと思っている。白人の差別意識を糾弾する人たちは、自分の容姿に対する劣等感から「連中は俺たちの事を見下しているに違いない」と決め付けているのではないだろうか。中には差別的な白人もいるだろうが、白人が特に差別的だとは思わない。

「今の若者は駄目だ」という意見もまた、単に老人のひがみであるに過ぎない。有史以来、いつの時代でも若者は大人から非難されてきた。老人は自分たちが若い頃に年寄りから言われてきた説教を若者に対して繰り返しているに過ぎない。誰だって年をとって楽しい筈が無い。若さがうらやましいだけの話だ。その証拠に年寄りによる凶悪犯罪が連続しても、「今の年寄りはけしからん。厳しくしなければならない」などと言われた試しが無い。

性差別についても同じような事が言える。性差別については男性が一方的な悪者で女性が被害者であるかのように言われる事が多いが、大いに疑問に感じる。確かに日本の社会には、古臭い男女の役割分担にこだわる差別的な男性は少なくない。しかし、日本中の全ての男性が女性に対して偏見を持っているわけではない。

また、生まれたばかりの男の子には、性差別に関して何も責任はない筈だ。では、中学生の男の子には責任はあるのだろうか。男子大学生はどうか。こう考えると何歳以上の男性に性差別の責任があるとは簡単に言えないし、年配の男性の中にも性差別に反対している人が恐らくいるだろう。仮に九九％の男性が女性に対して差別的だとしても、残りの一％の男性の存在を無視する事はできない。

日本には女性に対して差別的な意識を持つ男性は少なくないが、必ずしもそういう男性ばかりではない。また、全ての男性が痴漢であるわけでも、強姦魔であるわけでもない。女性に対して偏見のある男性だけを糾弾すればよいのであって、罪の無い男性まで見境無く責めるのは間違いだ。

男性の仕事と家事

かつての日本の社会では、男性は仕事だけに没頭していれば良かった。従来、家事はほとんどが妻の仕事とされてきた。しかし、最近では、男性にも家事に参加する事が求められている。「男には仕事があるんだ」などと仕事の忙しさを言い訳にして家事をしない男性に対して、厳しい状況になっている。

女性が男性に対して家事労働の負担を求める事自体は間違っていると思わない。男女共同参画社会なのだから、男性も女性も共に仕事と家事をするのは当然の事だ。男は外で仕事だけやっていれば良いという時代ではなくなっている。しかし、この事について一つ気になる事がある。それは、男性に対して「収入が大幅に減っても構わないし、残業など全くしなくても構わないから、もっと家事を手伝って欲しい」というような意見を女性の側から全く聞いた試しがないという事だ。

少し古い話になるが、女性が結婚相手の男性に対して求める条件として、「三高」があげられる事が多かった。三高というのは、高身長、高学歴、高収入の頭文字をとった造語なのだが、今でも結婚相手となる男性に対して高収入や高い社会的地位などを条件として求める女性は多い。

その反面、男性に対して家事や育児などに関する能力や積極的な協力を求める女性は少なかった。というより、「家事や育児が得意な事が結婚相手の男性に求める最大の条件である」というような意見を女性から全く聞いた事がない。

一般に、労働時間が長いほど収入は高くなる。男性は必ずしも、仕事の忙しさを言い訳にして家事をしないわけではない。夜遅くまで仕事をして、心身ともに疲れきった状態で、家に帰ってから家事をする気など起きないのは当然だ。

「家事の半分を担当するのなら、残業など一切しなくても構わないから早く帰りなさい」と言われたら、残業などせずに早く家に帰る方を選びたいという男性は、若い男性を中心としてかなり存在するのではないだろうか。

男性の帰宅が遅い理由は様々だ。会社から与えられた仕事が過重で仕方なく残業する人、能力が低いために定時までに与えられた仕事が終わらない人、仕事が特別忙しいわけではないが同僚との付き合い残業などでだらだらと過ごす人などがいる。付き合い残業などのように重要な理由でないにも関わらず帰宅が遅い男性や能力の著しく低い男性に対しては大して同情する必要はない。しかし、過重な仕事を会社から与えられた事によって夜遅くまで働く事を余儀なくされている男性に対しては何らかの配慮が必要だ。一般的に、会社に対して社員は弱い立場にある。残業を拒否したくても、会社が認めてくれない場合もあるだろう。日本の労働組合には会社の手先になっているような御用組合が多く、労働者の人権が守られていない。

そもそも、仕事一筋に打ち込む男性を格好良いとしてきたのは、男性だけでなく、女性の側にもそのような認識があったように思う。それが、最近ではすっかり女性の態度が変わってしまったように思える。男性に家事を求める女性の主張自体は間違ってはいないが、何か釈然としないものがある。

女性が男性に対して、「男性は高い収入を得て、家族を養うのが当然であり、その上で家事労働の半分も負担しなければならない」と要求するのは、単なるわがままなのではないだろうか。そのような女に対しては、「お前は一体何様のつもりだ」と言いたくもなる。男性が今まで通りの過重労働をさせられた上に家事の負担までさせられたのでは、たまったものではない。女性は男性に求める条件として、高収入か家事労働の負担かのどちらか一つを選択すべきだ。もし、男性により一層の家事労働の負担を要求するのなら、男性の収入が落ちても我慢すべきだ。

非現実的な痴漢対策

日本は痴漢が非常に多い国とされている。その理由として、私は日本の通勤電車が超満員である事が主な原因であろうと推測している。痴漢に関する統計を見ても、満員電車での痴漢が多いようだ。

電車内での痴漢対策として、今まで様々な意見があげられてきた。例えば、ラッシュアワーには女性専用車両をつくるという方法だ。これは一見効果的に思えるが、様々な問題がある。一つは、男性の車両と女性の車両に分ける事によって、内部の過密がますますひどくなる可能性がある事だ。女性専用車両の数が適度な配分になっていなければ、男性あるいは女性のどちらかが、更に窮屈な思いをしなければならなくなる。また、降り口または乗り口からの距離が遠くなってしまい、ただでさえ酷い乗降時の混雑が更に増してしまう。

もう一つの大きな問題は、決められた車両に乗らない人が出て来る可能性だ。その路線への乗車が初めての場合、気付かずに女性専用車両に乗る男性がいるかもしれない。女性専用車両だと知っていながら意図的に発車寸前に乗車する痴漢が出る可能性もある。痴漢ではないが、発車寸前にホームに到着し、男性車両のある場所までは間に合いそうもない場合や男性車両に入れなかった場合に女性車両に乗ろうとする男性が出るかもしれない。逆に、女性が男性車両に乗る事もあるだろう。その女性は痴漢の餌食になってしまう可能性がある。そうなると女性専用車両を作った意味が全く無い。

いずれにせよ、女性専用車両を作ったとしても完璧に痴漢を防げはしないだろう。仮に防げたとしても、それによるマイナス面が痴漢防止効果以上に大きくなる可能性もある。だからこそ、ラッシュアワーの女性専用車両の導入は掛け声だけで、未だに実現されていないのだろう。

電車内の痴漢対策に関しても、間が抜けたものが多い。警察が奨励する痴漢対策には、「被害者の女性が勇気を持つべきだ」というような事が盛んに言われている。こういう事をいう人は一度でも満員電車に乗った事があるのだろうかという疑問を感じてしまう。満員電車内での痴漢に関する問題点は、勇気がどうこういう問題ではない。

まず、女性に体が密着している男性について考える。その場合、故意に体を密着させているのかどうか分かり難い。私は満員電車に乗っていて周りの乗客が妙に私にくっついてくるように感じた事が何度もある。恐らく故意ではないのだろうが、そんなふうに感じてしまう。女性なら、なおさらそう感じるだろう。

また、痴漢に抗議したり助けを求めたりするように奨励されているが、そこにも問題がある。警察の作ったマニュアルの中には「痴漢にあったら笛を鳴らせ」というものがあるが、これに対してあるテレビ番組で実態を告白した痴漢は、「そんな事をしても全く意味が無い」

と言っていた。全くその通りで、警察の頭の悪さには呆れてしまう。勇気がどうこういうより、満員電車で痴漢にあった場合、誰が痴漢であるかを見分ける事が難しいし、被害を立証するのも非常に難しい。痴漢行為をして捕まった男性は社会的地位を全て失ってしまう可能性があるから、被害者の女性も周囲の乗客も対応を慎重にせざるを得ない。

では、痴漢対策としてどういう方法が効果的かと言うと、それは電車の混雑を緩和する事だろう。何故、こういう分かり切った事を言う人が今まであまりいなかったのか、とても不思議なのだが、この方法は多いに効果がある事は間違いない。満員電車で痴漢行為があっても立証は難しいが、空いている電車で女性の体を触る男性がいれば、痴漢だという事が比較的分かり易い。現に空いた車両では痴漢の発生率は満員電車と比べてかなり低い。

そもそも、乗車率というのは一体何なのだろう。乗車率二百%は法律違反ではないのか。守らなくても構わないようなものだったら、そんなものは全く無意味だ。満員電車は痴漢の問題だけでなく、乗客の安全性を損ねる可能性もある。もし、ラッシュアワーに地震にでも遭遇したらどうするつもりか。このような状態は直ちに改めなければならない。鉄道会社は利益を優先してきたし、行政は通勤者の解放に積極的に取組んでこなかった。通勤電車が満員の状態を放置してきた鉄道会社や行政の責任は大きい。鉄道会社はラッシュ時の電車の運行本数や車両を増やすなどの対策を講じるべきだし、行政も鉄道会社に対して厳しい指導をすべきだ。また、企業や通勤者も出社時間を揃えて通勤するのではなく、時差出勤に協力すべきだ。

第六章　差別する側とされる側

女性に対する暴力

最近、女性に対する夫や恋人からの暴力が話題になっている。ドメスティックバイオレンスという言葉が新聞紙上やテレビなどで盛んに登場する。夫や恋人からの暴力に苦しむ女性のための駆け込み寺や法律が整備されつつある。それ自体は多いに結構なのだが、私には気になる事がある。それは、男性が女性から暴力を受けた場合についてはほとんど話題になっておらず、何の配慮もなされていない事だ。女性が男性から受けた暴力についてしか、語られていないのは性差別ではないのか。これは、男性が大事にされていないせいなのか、それとも男性に対する女性の暴力自体が非常に少ないからなのか、はっきりした理由は分からない。

実態は現段階ではよく分からないが、決して件数は少なくないのではないだろうか。男性が女性から暴力を受けても、あまり同情も注目もされない場合が多い。男性は女性からも他の男性からも大事にされない哀れな存在なのだ。

仮に男性に対する女性の暴力の件数が非常に少なかったとしても、その存在は決して無視する事はできない。「女性からの暴力に苦しむ男性は少数派だから我慢しろ」と言うのなら、日本に居住する黒人や在日アジア人はどんなに差別されても我慢しなければならないという事になる。そんな主張は現在の国際化社会では、とても通用しないだろう。

また、暴力に対する罪の重さについても、男性に対する女性の暴力より女性に対する男性の暴力の方がより悪質と考えられているようだ。この事についても大いに疑問がある。これは女性の方が男性より弱い存在であるという考えによるのかもしれないが、そうだとすると大きな間違いだ。腕力や脚力といった体力では男性の方が上回っているかもしれないが、急所の弱さについてはどちらも大差ない。女性の指が男性の目に入るかもしれないし、女性の蹴りが男性の股間に入るかもしれない。そういう場合を考えると死亡する確率は、どちらも大差ないという可能性もある。罪の重さは加害者の強さや被害者の弱さといった要素ではなく、怪我の程度など受けた被害によって決めるべきだ。例えば、男性が女性の腕を折った場合も、女性が男性の腕を折った場合も、同じ罪とみなすべきだ。

暴力を振るう理由や事情について考えた場合も、男性に暴力を振るう女性は、女性に暴力を振るう男性に負けないくらい卑怯でわがままな人が多い。女性が暴力団や暴走族の構成員や痴漢などの反社会的な男性を殴ったというのなら、まだ理解できる。しかし、女性から暴行を受けた被害者の男性は、大人しい人や大した理由もないのに激しい暴行を受けた人が少なくない。

私は大学生の頃、女性の先輩と食堂で話をしていた時に、たまたま話題になった人物がいたのでその人を指さした。すると、その先輩から、「指さすんじゃない」と激しく叱責を受けた上に思いきり殴られた。その上、執拗でヒステリックな説教を受けた。指をさした事は良くなかったかもしれないが、激しく怒るほどの事ではないし、まして殴るような事では全くない。私の在籍した大学では女子学生が少なかったせいもあり、非常に大事にされていた。甘やかされる事もよくあった。彼女は男性を物としか思っていなかったのだろう。

「女性に対する暴力はいけない」という表現を「異性に対する一方的な暴力はいけない」というような男性にも配慮した表現に変えるべきではないかという質問を東京都立大学法学部の朝倉むつこ教授にしたところ、「女性は社会の構造として支配される立場にあるから、この表現は仕方ない」という妙な返答をされた。女性が構造的に支配される立場にあるかどうか疑問だが、仮にそうだとしても全ての男性が暴力的なわけでもないし、男性に暴力を振るう女性が免罪される理由にもならない筈だ。

妻から暴力を受けている夫に対しては全く配慮がなされていないし、救おうとする気が全く無い。そのような女性団体の態度に抗議した事がある。すると、「こっちは女性を救う事だけで手一杯だから、男など救う気は無い。私たちは長年に渡って闘ってきたのだから、男を救うのは男が勝手にやれば良い」という返答が帰ってきた。

しかし、私は男性だけを救う気はない。もし私が、「男性に対する暴力は許せない」とか

「妻からの暴力に苦しんでいる夫だけのシェルターをつくろう」などと言ったら、女性はどういう気分になるだろうか。当然、私が「女性に対する暴力は許せない」という言葉に不快感を感じたように、女性もまた「男性に対する暴力は許せない」という言葉に不快感を感じるだろう。

仮に夫婦間暴力の九九％が妻に対する夫の暴力だとしても、妻から夫に対する暴力を決して無視する事はできない。

一発の重みは人によって違いはあるが、ここでは一発の打撃によって被害者が受けるダメージは性別や年齢などに関わらず全く同じだと仮定する。夫が妻を九九発殴って、妻が夫を一発殴ったというのなら、妻の暴力はほとんど無視できるかもしれない。全ての家庭で夫と妻の暴力の比率が一定しているのなら、女性は一方的な被害者と言えるかもしれない。しかし、夫婦間暴力には一方的なものが少なくない。九九％の無抵抗な妻と一％の無抵抗な夫がいたとして、「暴力を受けている男性の数は少ないから、無視して構わない」という理屈は成り立たない。妻から暴力を受けている夫が、妻に暴力を振るう夫の罪を背負わなければならない理由は何も無い。

「女性に対する暴力はいけない」という表現は「女性が男性を殴るのは一向に構わない」あるいは「男性が女性を殴るより、女性が男性を殴る方が罪は軽い」という印象を与えてしまい兼ねない。決してそういうつもりで使っているのではないのかもしれないが、男性に対して不快感を与えるような言動はなるべく避けるべきだ。私は決して、「女性を好きなように殴っても構わない」と言っているわけではない。「女性に対する暴力はいけない」というような男性に不快感を与える言葉は性差別と思われても仕方ない表現だ。女性は、このような心無い言葉によって男性がどれだけ傷ついているかという事を考えなければならない。他の適当な表現に変えるべきだ。

敏感な被害者と鈍感な加害者

これはあらゆる差別について同じような傾向があるが、差別する側の人間は自分のしている差別に対して非常に鈍感な場合が多い。それに対して、差別される側は自分がされている差別には非常に敏感だ。差別されたという主張の中には、神経過敏と思われるような事例がたくさんある。差別を糾弾する人の意見を聞いていると「それの一体どこが差別だ」と疑問に感じるような意見が少なくない。

また、他人の差別を激しく糾弾する人の中には、本人が人一倍差別的であるような場合が多い。数年前、アメリカで黒人のイスラム教団体が人種差別に対して抗議する大規模なデモを実施した。しかし、行進したメンバーの中に女性は一人もいなかったという事が話題になった。人種差別を声高に糾弾しながら、性差別をして平気なのだ。

日本でも、差別を糾弾する人にそのような自分勝手な例がたくさんある。東京都知事になった作家の石原慎太郎氏は、広島と長崎に対する原子爆弾の投下を白人の人種差別によるものだと決め付けている。第二次世界大戦でアメリカと戦ったドイツには原爆が投下されず、日本にだけ原爆が投下された事をその根拠としている。しかし、日本人が黄色人種だから、広島と長崎に原子爆弾が投下されたという証拠は何も無い。何故、原子爆弾が日本にだけ投下されてドイツには投下されなかったのかというと、ドイツが日本より先に降伏したからだ。原子爆弾の製造がドイツの降伏までに間に合わなかったのだ。有りもしない原子爆弾をどうやって使えたと言うのだろうか。ドイツ人が白人だから、原子爆弾を投下しなかったというわけではない。

そもそも彼自身が差別的な言動の目立つ人物だ。選挙期間中に石原氏の陣営は在日朝鮮人の候補者に対して差別的な言動をとったとされている。また石原氏は、「中国のことをシナと呼ぶのが何故差別になるのか分からない」というような無神経極まりない発言をしている。さらに性差別という点でも、石原氏は保守派の頑固親父の代表格と言ってもいいような存在だ。

石原慎太郎氏に限らず、人間は自分自身のしている差別にはなかなか気付き難いものだ。本人がそれと気付かずに差別している事がよくある。私は、「ちびくろさんぼ」という童話は不朽の名作と思っていた。しかし、今では「ちびくろさんぼ」は差別用語という事になっている。その話を初めて聞いたとき、私は「この作品の一体どこが差別なのだろう」と思ったが、心のどこかで黒人を馬鹿にする気持ちが全くなかったとは言い切れない。

私はオランダ人女性から殴られた事がある。その事を非常に不愉快には思ったが、それが人種差別だとは思わなかった。「この女は短気だから、相手が白人だろうと気に食わなければ殴りかかるだろう」と思っていた。実際、彼女は白人とも喧嘩するし、フランス人が大嫌いだった。日本人が白人から、あるいは女性が男性から理不尽な事をされた場合、相手に抗議するのは構わないが、何でも差別と決め付けてしまうのは間違いだ。

フェミニストと称する女性の中には、女性が男性から受ける性差別に対して神経過敏な人が多い。職場で女性の髪型を話題にしたらセクシャルハラスメントだという主張もある。その事については、私は非難する気は無い。

しかし、それならば「女性に対する暴力は許せない」という表現は男性に対する性差別と言っても間違いではないだろう。女性に対する男性の暴力の中には、女性から暴力を受けたのでやり返したという例もある。先に手を出した女性より、やられたのでやり返した男性の方が非難されるというのは男性に対する性差別だ。女性解放を訴える女性の中には、このように自分の行動に対して無頓着な人が少なくない。「女性が不快に感じる行為は、セクシャルハラスメントだ」というのなら、「男性が不快に感じる行為はセクシャルハラスメントだ」という主張もまた成り立つ筈だ。それが男女平等というものだろう。

女性は自分たちが男性から受けている差別に対してだけでなく、自分たちが男性に対して行っている差別についても注意する必要がある。

デッド・ロック

コンピュータ用語にデッド・ロックという言葉がある。技術的な専門用語なので、これについて正確な定義を説明していると話が長くなるし難しいのでここではしないが、大雑把な説明をすると、二つのコンピュータがあって、互いに相手のプログラムを実行しようとした時に、両方とも機能が停止してしまい、処理が進まない事をいう。これを人間で例えると、二人の人間が掴み合って、お互いに身動きがとれなくなった状態を想像すると分かり易いかもしれない。

デッド・ロックの状態から脱するためには、互いに相手を解放しなければならない。どちらかが先に相手を解放する。あるいは両方が同時に相手を解放する必要がある。

日本の社会における男女の関係は、このデッド・ロックの状態と似ているのではないだろうか。保守派の頑固ジジイは、「男は仕事、女は家庭」という昔ながらの役割分担を頑なに守り通そうとして、自分の思想を女性に押し付けたがる。一部の過激なフェミニストは、「女性は性差別の一方的な被害者であり、悪いのは男の方だ」と、これもまた譲ろうとしない。

男性としては、過激なフェミニストを見ていると、「少しでも彼女たちの言いなりになったら、男は女の奴隷にされてしまうのではないか」という強い不安を感じてしまう。男性が女性に対して唱える勇ましい意見の根底には、そうした不安で弱気な気持ちも少なからず存在する。そのため、物分かりの悪い昔ながらの役割分担にこだわる頑固な意見が幅をきかせてしまう。また、女性の解放に対して理解のある男性としても、「男が一方的に女を支配してきた」と強硬に主張する傲慢な女性を見ていると、女性に対して譲る気がしなくなってしまう。

女性の中には、自分たちの社会進出がなかなか進まない事に苛立ち、ますます男性に対して強硬な態度を取り、対決姿勢を強める人もいる。また、女子保護規定などをはじめとする女性に与えられてきた既存の特権に対して、「女性の解放が進んでいない日本の状況を考えると女性に対する保護の存続はやむを得ない」と強硬に主張してきた女性は少なくない。しかし、女性だけに対する保護の存在こそが、女性の解放が進まない大きな理由の一つだ。

男性も女性もそうなのだが、お互いに相手に対する思いやりと配慮が足りない。先に譲った方が損をしてしまうのではないかという不安がお互いにあるので、いつまで経っても、いがみ合っているばかりだ。譲り合いの精神が全く無い。

この状況を打破するためには、お互いに相手を先に解放してやろうという姿勢が必要になる。お互いに思いやりを持って相手に接する必要がある。男性は女性を解放し、女性は男性の解放を積極的に進めるべきだ。

しかし、相手を解放したからといって、自分が解放されるという保証は何も無い。男性が女性の解放を優先し積極的に女性に権利を与えていったとすると、男性が女性の奴隷状態にされてしまう恐れがある。逆に、女性が男性の解放を優先し積極的に男性に権利を与えていったとすると、女性が男性の奴隷状態にされてしまう恐れもある。相手を救ったからといって、自分が救われるという保証は何も無い。

だが、今のままではいつまで経っても事態は進展しない。ここは、男女共にお互いに相手を信用しあって、譲り合うしかない。

女の敵は女、男の敵は男

性差別に関しては、男対女という単純な図式では言い表せない面がある。女性の地位に関して日本中の女性の意見が一致しているわけではないし、女性同士が結束しているわけでもない。日本の社会に不満を持ち「女性の社会進出を積極的に進めるべきだ」と思う女性もいれば、「今のままで満足だ」と考える女性も少なからず存在する。女対女、あるいは男対男の争いという局面は日本の社会で、しばしば見受けられる。

女性の社会進出を阻んでいる大きな要因の一つとして、仕事に対する姿勢がいい加減な女性が数多く存在する事だ。特に若いＯＬに多いのだが、勤務態度が極めて悪い女性が目立つ。中高年の女性には、「勤務態度がいい加減な若い女を見ていると腹が立つ」と、その不真面目な勤務態度に不快感を持つ人も多い。もちろん、女性の全てが不真面目というわけではないし、若い女性の中にも有能な人や真面目に働いている人はいる。とにかく、管理者としては不真面目な女子社員を見ていると、女性に重要な仕事を与える気にはとてもなれないだろう。能力あるいは意欲に欠ける甘えた女性が、能力や意欲の高い女性の足を引っ張っている。この場合、「女の敵は女」という言い方もできよう。

それでは男性の場合はどうだろうか。男性同士についても、やはり「男の敵は男」という場面がしばしば見受けられる。「女の敵は女」という事については女性からもかなり以前から指摘されてきた。しかし、「男の敵は男」であるという事は今まで意外に見過ごされてきた。むしろ、男同士の方が女同士より遥かに仲が悪く、争いも多い。その上、結束も非常に悪いのが実態だ。

女性に対する男性の暴力が話題になるが、暴力事件については加害者も被害者も男性という場合が多い。男性が男性に暴力を振るうケースである。大学でも企業でもよく見られる事だが、若い女性は大事にされる事が多い。それに比べて若い男性はあまり大事にされない。企業の男性管理職は若い男性の部下に対して、明らかに差別的な態度をとる場合がよく見受けられる。

若手の男子社員に対しては非常に厳しいのだが、若手の女子社員に対しては非常に甘い男性は多い。女子社員に対しては、丁寧な言葉を使い、お土産を買ってやるなどの細かい配慮をするのに、若手の男子社員に対しては、怒鳴ったり、殴ったり、残業させたりと情け容赦ない対応をする場合が少なくない。生物学的には若い男性も中高年の男性も同じ種類に属する。しかし、思想的には正反対の生き物だ。両者は敵対関係にある。中高年女性、若い女性、中高年男性、若い男性という四つのブロックに分けた場合、中高年男性と若い男性が最も仲が悪い。

これは企業に限った事ではない。特にひどいのが警察だ。神奈川県警厚木署の集団警ら隊で、上司による部下の火あぶりをはじめとする凄惨な暴力事件が多発した。警察での苛めは凄まじいらしい。本当かどうかは分からないが、新人が便器を舐めさせられるという話を本で読んだ事がある。企業や大学などでの上下関係による不当な暴力を取り締まるべき警察が、この有様だから、組織の中で男性が男性から暴力を受けたとしても訴える場所というのはあまりない。

私が勤めていた㈱鴻池組東京本店建築技術部では、女性に対して非常に甘く、若い男性に非常に厳しいという傾向が極めて顕著であった。私は部長から荷物運びやコピーといった雑用を職務中に頼まれる事が頻繁にあった。すぐそばに後輩の女子社員がいるにも関わらず、私がコピーを頼まれた。私は決して、「コピーは女の仕事だ」と言っているわけではない。同僚の後輩女子社員は、仕事の能力が著しく低い上にほとんど一日中、お喋りや居眠りをして過ごしていた。私は、無能でやる気の無い後輩がいるにも関わらず、重要な仕事で忙しい自分がコピーをさせられる事が気に食わなかった。もし、その後輩が男性だったら恐らく、その人が上司からコピーを命じられていただろう。他にも、男性の上司や先輩が女子社員に対しては、過剰な気配りをしている事例がよく見受けられた。これは、明らかに男性に対する性差別だ。しかも、加害者も被害者も男性であるという点が特徴だ。

このような事は、日本の社会ではよくある事だ。甘えた馬鹿女に苦しめられる男性は多いが、そういう女を作り出した責任は男性の側にもある。若い女性に対するそのような過剰な気遣いは若い男性に対する差別であるだけではなく、結果的には中高年女性まで苦しめてしまう事になり兼ねない。

フェミニストからすると、若い男性は「おっさん」の手先に見えてしまうのかもしれないが、決してそうではない。新入社員の頃から既に身も心も企業戦士だった男性は少ない。若い男性は「おっさん」に対して強い反感を持ちながら、抵抗する術が無いので仕方なく服従しているだけだ。フェミニストはその点をうまく活用し、若い男性を味方にすべきだ。

同性からの被害

性差別やセクハラに対する訴えや苦情には圧倒的に「加害者が男性で、被害者が女性」という場合が多い。たまに女性上司からセクハラを受けた男性の事が話題になる。いずれにせよ、性差別やセクハラなどの性に関するトラブルで問題にされるのは異性間のトラブルがほとんどだ。

しかし、性差別やセクハラや強引なスキンシップなどによる不愉快な経験の中には、意外に同性同士による事例が少なくない。また、加害者と被害者が同性というようなケースでは、異性から性的な被害を受けたケースより対処もしづらいようだ。またそのような場合、被害者はなかなか被害を訴えにくいものだ。

私の勤めていた会社の男性上司にはやたらとスキンシップを図りたがる人たちがいた。部長が帰り際に私の背中を思い切り叩いていく事があった。宴席では上司が私に酒を勧めながら、「元気出せ」といって荒っぽく私の体を叩く事がよくあった。上司は男性の部下の士気を鼓舞するためにやっているつもりらしい。しかし、女子社員に対しては指一本触れていなかったようだ。

恐らく、彼らとしては本当は女子社員に触りたいのだが、女子社員に対して下手に触ったりするとセクハラと騒がれる事を恐れていたのだろう。私の元上司はホモではないようだし、必ずしも嫌がらせでやったわけではないかもしれないので、これが果たしてセクハラなのかどうかは分からないが、私にとっては「おっさん」に触られるという事は非常に苦痛だった。触られるという事だけでも嫌なのに、激しい痛みを感じるほど思い切り叩かれるのでもっと嫌だった。

異性間でのトラブルの場合は比較的苦情を言いやすい面がある。特に男性からセクハラを受けた女性は、同情されやすいし、最近では訴えるのも容易になってきている。

女性の上司からセクハラを受けた男性については、これもまた比較的対処しやすいのではないだろうか。私は女性の上司を持ったことがないので想像に過ぎないのだが、そのような女性上司を職場から排除するのはさほど困難ではないと思われる。

裁判に訴えて勝てなかったとしても、別の方法もある。企業の中には古臭い意識を持った男性が多い。女性管理職の存在を快く思わない男性も少なからず存在するだろう。その人たちに相談すれば、その上司に対して「セクハラをする変態女」という噂を流すような者も出てくるだろう。それだけで女性上司の居心地は悪くなるだろう。

いっぽう、同性から性差別を受けたりセクハラなどの被害を受けたりした場合には、それをやめさせるのはなかなか難しい。

私の上司は女子社員に対して甘く男子社員に対して非常に厳しかった。私はその事に反感を持っていた。しかし、加害者も被害者も男性という事になると、なかなか差別と認定されにくい。訴えても単なる愚痴と思われがちだし、あまり同情もされない。

また、男性が男性上司から触られる事に対して抗議すると、あたかも上司がホモだと言っているように聞こえてしまい、下手をすると通常のセクハラより遥かに衝撃が大きくなってしまう。加害者も被害者も大きく傷ついてしまう可能性がある。他人に言いにくいし、言ってもなかなか取り合ってもらいにくい。

女性の上司が自分と恋愛感情にある平凡な能力の持ち主である男性の部下を優先的に昇進させ、有能だが嫌いな女性の部下の昇進を見送ったような場合はどうなるのだろうか。この場合も性差別なのだろうが、表向きは性差別であるとは思われにくいだろう。性差別に関して新聞によく出る記事の中には、「同期の男子社員と比べて昇進が遅れたのは性差別によるものだ」というような女性の訴えが少なくない。今まで実際に、女性上司が男性を優遇するような差別があったかどうかは分からない。しかし、そのような事は何となくありそうな気もする。これから、女性の社会進出が進み、女性の上司が増えてくると、この手のトラブルは増えていく事になるだろう。

思想と経験

思想というのは、その人の経験によって大きく左右されがちだ。例えば教育の場合、スパルタ式教育でたった一人の自閉症の子供を立ち直らせる事に成功した人が、スパルタ式教育が全ての子供に対して絶対的な効果があると思い込んでしまうような事がある。自由放任教育の提唱者についても同じ様な事が言える。

性差別に対する考え方についても、その人の歩んできた人生や経験が思想に大きな影響を与える場合が多い。そもそも、性差別を糾弾する人たちには、何らかの性差別を受けた人あるいは性差別されたと思い込んでいる人が多い。「男に生まれて、損した事は何も無い。男に生まれて本当に良かった」あるいは「女に生まれて、損した事は何も無い。女に生まれて本当に良かった」と思っているような人たちは、性差別に対する関心が薄いのではないだろうか。これは性差別に限らないが、生まれてから何の差別も受けず何の劣等感も持たず、何一つ不自由なく過ごし、今までの人生に対して何の不満も無い人たちは、差別に対して関心を払う事は比較的少ない。中には、王侯貴族の身分でありながら、貧困に苦しんでいる人たちの存在を知り、社会のあり方に矛盾を感じ、出家した高尚な人物もいる。しかし、インドのガンジーにしてもアメリカで公民権運動に携わったキング牧師にしてもそうだが、差別を糾弾する人たちの大部分は、本人が何らかの差別を受けた、あるいは何か劣等感を持っている人たちだ。

従って、性差別に対して疑問を抱く女性あるいは男性には偏った経験や思想の持ち主が少なからず存在する。だから、フェミニストの中に偏った思想の女性がいるのはある程度仕方ない事かもしれない。女性の中には本書を読んで、「男中心の偏った発想だ」と怒っている人がいるかもしれない。私自身、「偏っているのではないか。どこか間違っているのではないか」というような気持ちを持っている。

私は男に生まれたために様々な迫害を受けてきた。私には姉が一人いるが、父親は姉の方を可愛がった。私と姉が喧嘩した時は理由の如何に関わらず必ず私が怒られた。大学では、工業大学の建築工学科で女性が非常に少なかったせいもあるかもしれないが、女子学生は女王様のように大事にされていた。威張っている女性も多かった。建設会社に就職してからは、ろくに働きもしない態度のでかい後輩の女子社員がちやほやされ、これまた女王様のような傍若無人な振る舞いだった。このように男性に不利な状況を何度も経験してきたため、私には「私の周囲にいた女性が威張り腐っている女性ばかりだったのは、単なる偶然ではなく、日本の女性が全般的にわがままだからだ」と思えてならなかった。

しかし、今では多少考え方が変わってきた。会社を辞めてから、本を書くようになると、出版社やマスコミとの付き合いが増えた。これらの業界には女性の社員が多い。私の本を出している出版社の担当者も女性だし、私の本について取材した新聞記者にも女性が多かった。彼女たちはよく働くし、甘えてもいないし、礼儀正しい人たちだった。そんなに働いて大丈夫なのかと思うくらいよく働く人が多い。私などより遥かにしっかりしているなと感じた。私の家に取材に来た北海道新聞の女性記者は、「私は女性だからといって特別扱いはされたくなかったし、大学の実習では男の子と同じ様な事をやっていた」と言っていた。

退社してから僅か二年足らずで、「日本の女はわがままだ」という私の考えは大きくぐらついてしまった。「今まで私がたまたま男に生まれて不運な状況が連続しただけだったのかもしれない」と思い始めた。たまたま、女性が甘やかされる業界に入ってしまっただけの話なのかもしれない。

差別を受けた人が「差別廃絶」を訴えるのは構わないが、たまたま特殊な状況に置かれていたという事も十分考えられる。自分が受けてきた差別について社会一般で行われている差別だと短絡的に決め付けてはいけない。

夫と妻、母親と息子

男性に従属的な立場にある女性に対しては同情が集まるが、女性に従属的な立場にある男性はあまり同情されない場合が多い。女性だけが同情されるのは性差別のような気がする。妻に暴力を振るう夫は息子に暴力を振るう母親と状況が似ていないだろうか。

妻に対する夫の暴力と息子に対する母親の暴力のどちらがより悪いかを比べるのは簡単ではないし、どちらも悪い事なので比較するのはあまり意味が無いかもしれない。しかし、私の個人的見解を強いていうなら、母親が息子に暴力を振るう方がより悪いのではないかと思う。妻は夫を選ぶ事ができるが、息子は母親を選ぶことが出来ないからだ。これについても異論がある人がいるかもしれない。逆の考え方をする人もいるだろう。

結婚前は大人しい夫だったが、結婚後は暴力夫に豹変したというのもよく聞く例だ。しかし、女性に暴力を振るう男性は大体パターンが決まっている。性格的には、「黙って俺について来い」あるいは「俺がお前を守ってやる」といった男らしさや力強さを強調するタイプの男性が多い。また、大酒を飲む男性である事も多い。「彼は酒さえ飲まなければいい人なのに」というような意見をよく聞くが、酒を飲んだら何をしても許されるというのは日本でしか通用しない考え方で、非常に甘いと言わざるを得ない。それなら、「彼は麻薬さえやらなければ、いい人なのに」という言い訳が社会で通用するだろうか。もちろん、通用するわけが無い。

夫から暴力を受ける妻の場合は、女性にもそのような暴力的な男性を選んだ責任が多少はある。強制的に結婚させられたような場合は話が別だが、自分の意志で相手を選んだのなら、見る目が無いと言われても仕方ない。また、最悪の場合、暴力夫と離婚するという方法もある。しかし、母親から虐待される息子の場合は、そういうわけにはいかない。子供は母親を選ぶ事はできないから、暴力的な母親を持った責任は全く無い。

母親から暴力を受けた経験のある男性が、妻に対して暴力的に支配する夫になる可能性もある。逆に、夫から暴力を受けた経験のある女性が、息子に対して暴力的に支配する母親になる可能性も高い。息子に暴力を振るう母親は、体力や経済的な優位を背景にして高圧的な態度に出ている。「子供は未熟な生き物だし、養ってあげているのだから、親に絶対服従すべきだ」という発想だ。これは暴力を振るう夫の主張とよく似ている。

これについては「卵が先か、鶏が先か」といった議論とも似ている。母親の暴力が暴力を振るう夫を生む原因なのか、夫の暴力が暴力を振るう母親を生む原因なのかはよく分からない。だが、母親の暴力と夫の暴力は何か関連性があるような気がする。

日本でも、妻に対する夫の暴力については、女性のための駆け込み寺が整備されつつある。しかし、子供に対する不当な暴力や過度の強制的訓練は、厳しい躾や教育的指導ということでかなりの範囲で認められている。

これからは、女性の権利だけでなく、子供の権利も確立しなければならない。子供の権利を守る事は単に子供のためだけではなく、性差別を解消する上でも大きな意味がある。

支配する側の辛さ

性差別については一般的に女性が被害者と考えられているようだが、その根拠の一つとして男性が女性に対して支配的な立場にあるという事があげられる場合が多い。確かに、政治家や経営者や管理職などの要職を占める割合は圧倒的に男性が多いし、経済力では夫の収入の平均値が妻の収入の平均値を上回っている。日本の社会では、明らかに男性の方が女性より平均的な地位や経済力は高い。それは差別であるから、女性がその事に対して不満を持つのは当然の事だ。それについて、責める気は全く無い。しかし、社会全体として見ると男性が女性を支配する立場にあるからと言って、必ずしも、全ての男性に罪があるわけではないし、大多数の男性が幸せというわけでもない。

地位が高いという事はその分、責任や支出や危険や苦労もまた大きいものである。昔の社会では必ずしも全ての人が王侯貴族などの支配的な身分になりたかったわけではない。高い地位にあるために殺されたり、命を狙われたりしたような場合が少なくない。戦国時代の大名の中には殺された人や自殺した人が大勢いる。「天下人になって命を狙われるより、商人にでもなった方が気楽だ」と考えた武士も多かっただろう。しかし、支配層にある人間が勝手に一般市民になる事は、封建的な社会ではなかなか許されなかった。

今の時代でも、「あまり苦労したくないので、出世したいと思わない」というような事を言う男性は多い。

飲み会などでの支出は男性の方が高い場合が多いし、それが当たり前のように思われている。デートの時は男性が奢るのが当たり前と思っている女性もいる。男性は収入も多い代わりに、支出も多い。

また、労働災害の被害者は男性の方が多い。男性の方が危険な仕事をしている事が多いからだ。過労死する人も圧倒的に男性の方が多い。女性が過労死したという話はあまり聞かない。

「男が仕事、女は家庭」という決まり事があるせいで、男性が妻や子を養わなければならなくなっている。そのため、体調が悪かったり嫌な上司や同僚がいたりしたとしても、自分の都合で勝手に会社を休んだり辞めたりするわけにはいかず、多大な肉体的あるいは精神的な苦痛を味わう場合が少なくない。「妻に働いてもらって、自分が主夫になれたらいいな」と思っている男性も実はかなりいるのではないだろうか。

女性を支配する立場を無理やり押し付けられて迷惑している男性は意外に多い。支配する側は支配される側に対して、様々な社会的責任や精神的な重責を負う事になり、それが重荷であると感じる男性も少なくないだろう。私は男性だが、女性に対して支配的な立場にある事を決して望んでいるわけではない。むしろ、支配的な立場に置かれる事に対して大いに迷惑している。私は頼りにならない性格なので、むしろ女性にリードして貰いたいくらいだ。恐らく、そのような考え方をする男性は、けっこうたくさんいるのではないかと思われる。

何に対する差別か

差別と言われている事柄の中には、それが本当に差別なのかが疑問に思えるような事例が多い。また、それが本当に差別であるとしても、一体何に対する差別なのかという点がはっきりしないような事例も少なからず存在する。

例えば、夫が妻を殴った場合や白人が黒人を殴ったような場合は差別であると決め付けられる事が少なくない。しかし、それらの事例では加害者は必ずしも被害者に対して偏見を持って暴行を加えているとは限らない。麻薬中毒患者の白人や夫がたまたま近くにいた黒人や妻を殴っただけの話で、近くに白人や地位の高い男性がいてもやはり殴っていたという可能性もある。もちろん、差別意識があろうと無かろうと暴力はいけない事だ。加害者が被害者に対して差別意識や偏見を全く持っていなかったとしても、許される事ではないし、罪が軽くなるとは限らない。

しかし、暴力行為などについては差別意識がある場合は無い場合に比べて更に罪が重くなると一般的に考えられているようだ。

だから、差別意識があるかどうかは裁判などで大きな問題になる事がある。個々の事例について軽々しく差別であると決め付けるべきではない。

また、差別だとしても何に対する差別なのかという問題もある。例えば、日本人の夫が年下で黒人の妻を殴ったとする。この場合、差別意識があったとしても、黒人に対する差別か女性に対する差別か年齢による差別のいずれであるかが問題になる。あるいは、その他の理由による差別である可能性もある。この場合も、もちろん、性差別であろうと人種差別であろうと年齢差別であろうと差別である事には変わりはないので、許されるわけではない。

暴力などの行為が差別に基づくものかどうか、差別だとして一体何に対する差別であるのかは、性差別などを語る場合に非常に重要な要素になる。「女性に対する暴力はいけない」という表現の根拠は、「女性に対する暴力は社会の性差別的な構造によるものだ」という考え方が前提となっているようだ。だから、女性団体は、一部の男性にとっては極めて屈辱的と感じるこの表現をなかなか改めようとしない。また、家庭内暴力を受けた女性のためのシェルターだけを作り、妻から暴力を受けた男性を受け入れようとしない。

しかし、女性に対する暴力が差別意識や偏見によるものだとしても、必ずしも、性差別に基づくものだとは断定できない。これは日本に限らないかもしれないが、日本では夫が妻より年上であるカップルが圧倒的に多い。日本では大学の上下関係などに見られるように年齢による上下関係が極めて厳しい。大学の運動部では一年違っただけで王様と奴隷のような関係になる。夫婦間で見られる暴力などの力関係は、性差別によるものだけではなく、年齢による差別も含まれている可能性がある。

もちろん、年齢による差別が性差別よりましとは言えないから、たとえ、年齢による差別だとしても暴力行為が許されるわけではない。しかし、夫婦間の暴力の大半が年齢による差別によるものだとすると、「女性に対する暴力はいけない」という表現の根拠が崩れるし、女性だけをシェルターに収容するのもおかしいという事になる。その場合は「年下に対する暴力はいけない」という事になるし、シェルターには暴力を受けた年下の夫と暴力を受けた年下の妻を収容すべきだという事になる。夫婦間で発生した暴力と夫婦間の年齢差についての相関関係を調べてみる必要があるだろう。

また、差別が複合的な要素によって構成されている場合が多いという事が事態を更に厄介にしている。夫婦間暴力の場合、性差別と年齢差別が入り混じっている可能性がある。どちらが、何％という比率は簡単に言い表す事はできない。性差別、年齢差別、人種差別など個々の差別についても、差別があったかどうかの判定は難しい場合がほとんどだ。これが複合してくると更に差別の有無の判定が困難になる。差別については個々のケースについて慎重な判定が必要になる。

第七章　男性の問題点

職場の花と毒

企業が女子社員に対して期待しているものは、単に仕事に関する能力や成果だけではない事がある。女性がいる事によって職場の雰囲気を和ませたり、男子社員の結婚相手を見つけ易くしたりするなど男子社員のやる気を高める効果を期待している場合が少なくない。ある大手鉄筋工事業者は、女性の鉄筋工を大量に採用している事で有名だった。女性作業員の採用は「えび・たい作戦」などと言われ、女性を戦力として活用する事だけが目的ではなく、それを励みに男子社員を集めるという目的もあったようだ。日本の企業では、若いＯＬは戦力ではなく職場の花として考えられている事が多い。

しかし、若いＯＬが職場にいる事が社員の士気を高めるどころか、却って士気を著しく下げてしまう事もある。

中高年の男子社員の中には、若い男子社員には非常に厳しいが、若い女子社員に対しては非常に甘い場合が多い。同僚の若い男子社員が日常的に上司から叱られている姿を見て、ＯＬがその男子社員を自分より格下の存在として見る事はよくあるようだ。

若い男子社員は上司からは厳しく叱られ、同僚のＯＬには馬鹿にされたり頼んだ仕事をして貰えなかったりする。男子社員が上司とＯＬの板挟みにあって、苦労する事がよくある。部長の命令には従うが、若手の男子社員に対しては冷たく愛想が悪く、頼まれても仕事をしないというようなＯＬは少なくない。このような場合、上級の管理職にとっては職場の若い女子社員と接する事は楽しみであり、若い女子社員を職場の花と感じるかもしれない。しかし、ＯＬから軽く見られた若手の男子社員にとっては、甘やかされている若いＯＬというのはやはり苦々しい存在で、嫌悪感を持つ人もいるだろう。そうなってくると職場の花どころか、組織の人間関係を破壊する職場の毒ですらある。

そもそも、女子社員は従軍慰安婦でもホステスでもないのだから、「職場の花」としての役目を期待する事自体がおかしいように思える。会社を結婚相談所にするのは全く不合理だ。私だったら、若くて働きの悪い女性よりも中高年でも能力が高く責任をもって働く女性の方が遥かに有り難い。

女性管理職や女性総合職といったキャリアウーマンを好まず、自分の職場から排除したがる男性は少なくない。「女性が外で働く事は自然の摂理に反する」と考える男性も少なくない。私はちっともそうは思わないが、もしその意見が正しいとすれば、女性を中途半端に排除せずに飾り物に過ぎない女子社員を全て排除して、完全に男だけの職場にすべきだろう。女性は外で仕事などせずに家事だけをやっていれば良いというのなら、女性が大学に進学する事は無駄な事であり、税金の浪費に過ぎない。

能力や意欲の低い若手女子社員を餌として職場に置いておくより、その分給料を上げた方が男子社員の士気は上がるだろう。

会社は慰安所でも結婚相談所でもない。結婚相手や遊ぶ相手を探すのなら、会社の外で探すべきだ。

お茶くみは誰のため

日本の社会では職場で、お茶汲みが女性の担当する仕事とされている場合が多い。これは女性に対する差別的慣行と言っても間違い無いのだが、果たして誰が損をして誰が得をしたのかを単純に言い当てる事はできない。

有能な女性にとってけ、お茶汲みのような単純労働を強要される事は屈辱的に感じるかもしれない。「どうして、こんなつまらない仕事をしなければならないのだろう」と疑問に感じている女性もいるだろう。実際、有能な女性にお茶汲みをさせる事は、本人にとっても会社にとっても損失が大きいだろうし、無駄が多い作業だ。

しかし、その一方で日本のＯＬは「世界一高給とりのお茶汲み」とも言われている。仕事に対する能力や意欲が低い女子社員にとっては、その程度の単純な仕事をする事によって、世界的な水準から見ると極めて高い給料が貰えるのだから、とてもありがたい仕事と言えるのかもしれない。お茶汲みをさせられる事による損得勘定は、個々の女性の能力や考え方によって大きく違ってくる。画一的に「お茶汲みを押し付けられて女性は損だ」とか「お茶を汲む程度の仕事で給料が貰えるのだから、女性は得だ」という事はできない。

お茶汲みが性差別であるとして、男性と女性のどちらが差別されているかというと、それは女性の方であると考える人が圧倒的に多いだろう。女性がそう考えるのは当然の事だと思う。それでは、女性にお茶を汲んでもらう事によって男性が得をしているかというと、必ずしもそうではない。ＯＬがお茶汲みに費やしている時間と労力と人件費は結構大きなものになっている。

それだけの人件費をかけるのなら、社員に対して飲み物代を支給した方が恐らく安上がりで合理的であろう。女子社員によるお茶汲みという慣行は、コスト的には男性にとって大して得は無いのが実情だ。

では、実質的には会社や男性にとって大して得がないにも関わらず、女子社員に対してお茶汲みをやらせるという妙な習慣が日本企業にあるのは何故か。それは、恐らく、女性に奉仕してもらう事によって、精神的な充足を感じる男性がいるからだろう。

女子社員に対して何もさせずに遊ばせておくわけにはいかないという面もあるのだろうが、男子社員は女子社員にお茶を汲んでもらう事によって、主人になったような気分を味わえるというだけの話なのだろう。

私にしてみれば、お茶汲みなど何の意味も無い下らない仕事だ。「そんな事をしている暇と労力があるくらいなら、ちゃんと自分の仕事をしてくれ」というのが私の意見だ。男性がこんな事を言うと、怒る女性がいるかもしれない。「私たちは好きでお茶汲みをしているわけではない。お茶汲みを押し付けたのは男性の方ではないか。勝手な事を言わないで欲しい」と思う人がいるかもしれない。

本来、お茶汲みは女性が男性のためにやっている仕事なのだが、女性にサービスしてもらう事による精神的な満足という点はとにかくとして実質的には何も男性のためになっていない。女子社員がお茶汲みに費やす時間と労力を考えると全く無駄な行為でしかない。特に、優秀な女性にお茶汲みのような下らない仕事をさせる事によって生じる損失は大きい。天才的な女性に対して、お茶汲みをさせるなどという事は実にもったいない話だ。

お茶汲みなど単なる形式主義に過ぎない。形式主義では今日の厳しい国際競争に勝つ事はできない。そんな無意味な習慣などさっさとやめた方が、会社にとって良いのではないだろうか。

女性に対する思いやり

これまで女性に対して散々厳しい事を言ってきたが、もちろん男性もまた厳しく反省しなければならない点はたくさんある。

少なくとも、性差別の半分は男性の側に責任があると考えるべきだ。男性は女性に対して、思いやりをもって接する必要がある。

しかし、女性に対する思いやりとは何かという点で勘違いしている男性および女性が多いように思う。

欧米の男性は、女性が車を降りる時にわざわざ反対側から回ってドアを開けてあげたり、食事の際に椅子を引いてあげたり、エレベーターでは女性が降りるのを待ってから降りるなど女王様に尽くす召使のように細かい配慮をするのが慣習になっていた。欧米からレディーファーストという言葉が日本に伝わってくると、それが進歩した文明社会のあり方だと思い込んでしまった日本人は少なくない。日本の男性の中には欧米の男性以上に女性に細やかなサービスをする人さえいる。

しかし、こういった行為が実際にどれだけ女性にとって手助けになるのかというと大いに疑問を持たざるを得ない。車のドアを自分で開ける事くらい大した体力も手間も要らないし、大した苦痛でもない。椅子を引く事はさほど重労働ではない。エレベーターで女性が降りるのを待っている男性がいる事は却って、女性にとって邪魔くさかったりする。これらの行為自体は、女性にとって大して役に立っていないと思われる。女性の肉体的あるいは経済的負担を減らすという見地からすると、ほとんど効果はなく、非現実的な行動だ。女性は男性に尽くされる事により、騎士に尽くされる女王様になった気分が味わえるというだけの話で形式主義に過ぎない。欧米では男女平等思想が進んでくると、こういった習慣はむしろ廃れてくる傾向があり、却ってそんな事をされると迷惑あるいは女性に対する差別だと考える人もいるようだ。

女性に対して男性が、宝石を買ったり、食事を奢ったり、車で送ったりするという事は単なる下心の現れである場合も少なくない。その様な行為は必ずしも、女性に対する優しさではない。そういう事をやめろとは言わないが、どうしてもそうしなければならないという事は決してない。これらはいずれも、弱者に対する保護や母性の保護とはあまり関係のない行動だ。そういう事で女性を大事にするというのは、単に甘やかしているに過ぎない。結局、将来、女性自身が困ることになるのではないか。

女性に対して優しい男性や親切な男性が必ずしも女性に対して好ましい存在ではない。女性に対して乱暴に振舞えとか無愛想にしろと言っているのではないが、男性が女性のためにすべき事は、贈り物をしたり、女王様のような扱いをしたりする事ではない。また、筋肉をみせびらかしたり、「俺がお前を守ってやる」などと出来もしない約束をして強がったりする事でもない。

どちらも単なる形式主義に過ぎない。そんな事に労力をつぎ込むくらいなら、皿を洗ったり、ゴミを出したり、掃除をしたりするなど女性の負担を減らす努力をすべきだ。

男性が女性に対してなすべき事のうちで最も重要な事は、中高年の女性あるいは能力や意欲のある女性に働き易い環境を与える事ではないだろうか。宝石を買ってあげたり、車のドアを開けてあげたりしなくても女性は死にはしない。しかし、仕事が無いと自立出来ない事になり、死活問題になってしまう。まともな仕事がなければ、売春婦にでもなるしかない。男性が女性に対して西洋の騎士のように振舞う必要はない。というより、すべきではない。女性もまた、男性から過保護な扱いを受ける事をなるべく拒否すべきだ。女性に対して過剰なサービスや贈り物をする事は、女性の自立を考えると却ってマイナスでしかない。

これまで、優しい男性と言われてきた人たちの行動は単なる下心に過ぎないような場合が多い。

女性上司とヒステリー

日本の男性には、女性が自分の上司になる事を好まない人が多い。男性が女性の上司を敬遠する理由としてよくあげられるのは、「女性はヒステリーで冷静な判断力に欠ける人が多い。だから、上司としてふさわしくない」というような意見だ。

これに対しては大いに疑問がある。私は今まで女性の上司に当たった事が一度もないから、男性より女性の管理職の方がヒステリーな人が多いという意見が果たして本当なのかどうかはよく分からない。しかし、ヒステリーで精神的に不安定な人は男性にだって大勢いるし、私の上司だった男性たちは大半が病的にヒステリーな性格の持ち主だった。彼らは精神的に極めて不安定な状態にあったし、些細な事で激しく怒り狂い、恐ろしく執念深く、陰湿だった。その上、暴力的でもあった。精神面で平均的な女性よりましとは言えない人たちが少なからず存在した。私の経験に限って言えば、むしろ男性の上司の方が女性より遥かにヒステリーなのではないかと思える。

仮に、一般的な女性の性格としてヒステリーで冷静な判断力に欠ける傾向がよく見られるとしよう。それによって男性の部下が多大な精神的あるいは肉体的苦痛を受けた例があったとしても、それは単に女性に特有の人格的な欠陥だけの問題ではない。

会社や社会が労働者の人権を守るための確固たるシステムを備えていれば、女性上司のヒステリーによる人権侵害はほとんど発生しない筈だ。上司のヒステリーのような個人的感情によって部下が精神あるいは肉体に多大な被害を受ける事があるのは、労働組合や労働基準監督署といった労働者の権利を守るべき団体や行政がやるべき仕事をしていなかったり、労働基準法などの労働者を守るための決まり事が正常に機能していなかったりしているという事を示しているのではないだろうか。

上司が女性だからといって男性の部下に対して何をしても構わないという事にはならないし、男性の部下の精神や肉体を傷つけてもよい筈がない。もし、正当な理由が無いのに個人的な理由で男性の部下に対して精神的あるいは肉体的に不当な危害を加えるような自分勝手な女性の上司がいれば、厳重に注意、減俸あるいは解雇するなどの断固たる処置をすれば済むだけの話だ。男女平等なのだから、自分勝手で上司として不適格な女性上司に対しては男性上司に対するのと同じ様な処分をすれば良い。

よく経営者や教育者の中に「人格を重視する」と言う人がいる。そのような言葉は聞こえは良いが、実際には正反対の意味で利用されている事が少なくない。経営者や管理職の言っている人格者とは、自分に素直で違法な命令でも逆らわない人物であったりする。能力にしてもそうだが、個人の優劣を判定するのは難しい。まして、人格を評価する場合、スポーツや数学のように客観的に優劣を比較するのは困難だ。人格の優劣など、何とでも言える場合が多い。例えば、アドルフ・ヒトラーについては、一般的には極悪人とされる一方で、世界中に彼の信奉者が少なからず存在する。人格とは、上司が自分の嫌いな部下を排除するための言い訳に使う場合が少なくない。

部下にとって、大切なのは上司の性別ではなく、能力や人格ではないだろうか。無能な男性が上司になるより有能な女性が上司や仕事のパートナーになった方が、収入や休みが増える事に繋がるのではないだろうか。特に、人命に関わるような仕事については低能な上司を持った場合、下手をすると業務上過失傷害あるいは業務上過失致死に問われてしまう恐れすらある。あくまで、男性が自分の上司になる事を希望する男性の気持ちが、私には理解できない。恐らく、その男性たちは大して高度な仕事や責任のある仕事をしていないのだろう。

女性はヒステリーだから管理職として相応しくないというのは、女性には命令あるいは支配されたくないと考える古風な男性による卑怯な言い訳に過ぎない。そんな話がでてくるのは、むしろ男性の精神構造にこそ問題がある。女性に負けたくないのなら、努力して女性に負けない能力を身に付けるべきだ。

飾り物なら意味が無い

男性の世界と思われていた様々な分野に女性が進出している。それは結構な事だが、彼女たちは本当に男性並みの活躍をしているのだろうか。

かつて建設工事現場には女性現場監督はほとんど存在しなかった。しかし、最近では大手ゼネコンをはじめとして、女性現場監督の存在が脚光を浴びている。しかし、その実態は必ずしも女性にとって喜ばしいものではないようだ。私は、建設業界関係の労働組合の広報に掲載されていた女性現場監督たちの談話を読んだことがある。ある女性現場監督の話では、「計測器を持っていこうとしたら、親切な男性の先輩が計測器を運んでくれた」というような事が書かれていた。他の女性現場監督の談話にも、「やはり、男性との違いを感じてしまった」というような話があった。

私も建築工事現場で現場監督をしていた経験がある。工事現場で計測器を何度も運んでいるが、計測器はそんなに重いものではない。その製品の種類にもよるだろうが、何十キロというような物ではない。決して、屈強な男性でないと持ち運べないとは思えない。そんな物が持てないようでは、赤ん坊を持つことすら困難だろう。重さでは計測器と赤ん坊のどちらが重いか分からないが、赤ん坊は絶対落とすわけにはいかないから、恐らく計測器の方が持つのは楽だと思われる。計測器を持ってくれた男性を親切な先輩としているが、その男性は女性の現場監督に対して下心があったのかもしれないし、そんなのは甘やかしであって親切でもなんでもない。そんな事で男性との違いを感じないでほしい。

女性現場監督の実態はこんなものだ。現場の男性スタッフにとっては足手まといというのが本音のようだし、「女性を積極的に活用している」という事を示したいと思っている企業のポーズに過ぎない。

その証拠として、女性の現場監督を採用しているゼネコンでは、女性の現場監督の数が一人しかいないとか、多くてもせいぜい四人くらいしかいないような会社がほとんどだ。要するに話題作りや会社の宣伝といった要素を多分に含んでいると思われる。だから、大勢の女性監督は必要ないし、あまり増やすつもりも無さそうだ。女性の現場監督は、動物園の客寄せパンダのような広告塔に過ぎない。

しかし、女性を積極的に活用しているふりをしても大して意味が無く、会社にとっても働く女性にとってもマイナスにしかならないだろう。結局そのような女性の使い方をしていたのでは、「やはり、女は男より劣っている」という証明にしかならない。

現場にとっても足手まといなだけだし、極めて深刻な経営危機に陥っている今のゼネコンには女性の広告塔を置いておく余裕など無い筈だ。男子社員にとっても女子社員にとっても迷惑だろう。少なくとも、現場監督のうちの一割以上を女性が占めるようにならなければ、本当に女性が進出したとは言えないだろう。

私を取材した北海道大学水産学部出身の北海道新聞の女性記者にその話をしたところ、「大学の実習では、私は女性だからといって特別扱いされるのが嫌いだったし、実習の際は男子と同じ様な事をしていた」という答えが帰ってきた。所属する業界によって、女性の心構えは大きく違うようだ。

女性の側の甘えた態度も問題だが、男性の側の女性に対する対応にも大きな問題がある。あまりにも女性に気を使い過ぎるから、おかしな事になるのだ。女性を弱者として特別扱いせずに、男性の社員と全く同じ様な扱いをすべきだ。そうでないと、女性が男性の職場に進出する意味が全く無い。

文化や肉体差という言い訳

日本の男性の中には、女性の社会進出を望まない人が少なくない。特に中高年男性を中心として、そのような傾向が強い。女性が社会に進出する事を好ましくないとする理由について、長年に渡って培われてきた日本の伝統的社会文化の保護や男女の肉体的構造の違いをあげる男性が多い。

「現在、日本の社会に存在する男女の役割分担は長年に渡って培われてきた日本の伝統的文化なのだから、短い間に簡単に変える事ができない」というような中高年男性の主張は、女性を受け入れないための下手な言い訳にしか聞こえない。文化といっても、現在の日本に存在する男女の役割分担の中には、企業の経営者など一部の人たちの利益によって決められたような決まり事も少なくない。本当に長年に渡って培われてきた日本の伝統的文化なのか疑わしい。案外、その歴史が浅い決まり事が少なからず存在する。「男は外で仕事をし、女は家事を担当する」という性別による役割分担は、明治以降に作られた決まり事だという意見もある。中高年をはじめとする男性の中には、日本の伝統的社会文化という錦の御旗を持ち出すことによって、自分たちに与えられてきた権益を必死に守ろうとしている人たちが多い。

男女の肉体的な違いを理由にして、女性の社会進出に反対する意見にも疑問がある。「男女は同権だが、同質ではない。男と女とでは体の構造が違う」というような意見も中高年男性を中心によく聞かれる。しかし、仮に女性の素質として家の中で育児や家事をする事が適していて、外で働く事が適していないという性質があったとしても、どうしても女性が外で働かなければならない場合もでてくる。例えば、夫が怪我や病気など何らかの事情で働けなくなり、家族を支えるために妻が働かなければならない場合もあるだろう。妻が働けないとなると夫も困るだろう。また、母子家庭となると母親はどうしても働かざるを得ない。母子家庭の母親が働いてはいけないのなら、その家庭の生活費は男性も含めて社会が負担しなければならなくなるので、この場合もまた単に女性自身が困るというだけではなく男性も困ってしまう事になる。専業主婦がいつ働かなければならない状態に追い込まれるか分からないし、女性がいつでも安心して働けるような状態を作っておかなければならない。これは女性に限らないが、仕事が容易に見つかるかどうかはその人にとって死活問題だ。女性の人権を考えると、「長年の日本の文化だから、女は家庭を守っていろ」という事は言っていられない。

中高年男性が女性の社会進出を頑強に拒むのは、必ずしも愛国心や社会の秩序を守らせようとする社会正義によるものではない。日本の社会は様々な面で中高年男性にとって有利な仕組みになっている。若年男性や外国人が高い地位を占めはじめたり、女性が積極的に社会進出したりするようになれば、中高年男性にとっては自分たちの地位が脅かされる事になる。そこで文化や男女の肉体的な違いを持ち出して、必死で下手な言い訳をしているのだろう。中高年男性は自分たちのために文化を弄んでいるに過ぎない。

仮に「男は仕事、女は家庭」という考えが長年に渡って培われてきた日本の伝統的文化であり、生理的、肉体的にも理にかなっているとしても、女性が働きにくいという事は女性の人権を著しく侵害する事になる。文化や生理的な要因よりも、働く女性の人権を優先的に考えるべきだ。

社員をいじめる企業

労働者を虐待する企業は世界中に存在する。しかし、日本企業の男子社員は、外国企業の会社員と違った虐待を受けている。

企業による社員いじめといっても外国企業の場合はいじめ自体が目的ではなく、企業の利益のために社員を酷使した結果が虐待に繋がっているような場合が多い。それは純粋な意味でのいじめではない。ところが日本の企業では、長時間低賃金労働による虐待だけでなく、部下や後輩を単にいじめて喜んでいる馬鹿な上司や先輩が存在する。先輩から理不尽ないじめを受けてきた人が、後輩をいじめる事でその恨みをはらすのが日本的な伝統になっている。

間違ってもいないのに男性の部下が上司から言いがかりをつけられて、怒鳴られたり殴られたりする事がよくある。また、カラオケに付き合わされたり飲酒を強要されたりする事も部下にとって悩みの種である事が少なくない。

仕事上のミスで叱責を受けたり、会社の利益のために長時間低賃金労働を強いられたりするのならまだ理解できるのだが、仕事の後に付き合いを強要されるのは馬鹿馬鹿しい限りだ。残業させられるのなら、能力が高まり、転職が容易になるという効果も期待できる。しかし、付き合いというのは技術的な向上は何も期待できない。

上司と部下が仕事の後に一緒に酒を飲んだり、食事したりするのは、昔はそれなりの意味があったのだろう。付き合いが習慣となった由来は恐らく次のようではないだろうか。貧しかった頃の日本では、エンゲル係数が高かったし、酒は高価な飲み物だった。そこで食事や酒を奢ってくれる上司は部下にとって非常にありがたい存在だったと思われる。部下にとっては、食事代が浮くし、ただで酒が飲めるというメリットがあった。酒を飲むと陽気になり、人間関係が円滑になるという効果も期待された。付き合いが業務の効率化に良い影響を与えると思われていたのだろう。貧しい時代の日本では、仕事後の同僚との付き合いは会社の発展にとって大いに貢献するシステムだった。

しかし、今の時代、酒は大して高価な飲み物ではない。酒税がかけられているとはいえ、酒店や自動販売機で買えばさほどの経済的負担はない。経済大国となった今では日本のエンゲル係数も大幅に下がっているので、上司から食事を奢ってもらったところで大して支出の削減には繋がらない。むしろ、付き合いによって終電車に間に合わなくなるなどの理由で、金銭的負担を強いられる事も少なくない。金銭的にみると部下にとってはあまりありがたい方式ではなくなっている。しかも、最近の上司はけちになっていて、金は個人に払わせる場合も多い。上司が金を払ってくれたとしても、酒やカラオケが嫌いな人もいる。その人たちにとっては、ただでも付き合いたくないと考える人も多いだろう。

上司の中には下らない説教や自慢話をしたがる人も多い。部下にとっては自由な時間を奪われる付き合いなど苦痛以外の何ものでもない。強制的な付き合いなど百害あって一理なしだ。付き合いたければ勝手に付き合うだろう。しかし、古臭い考えに固まった日本のオヤジどもはそういう時代の変化についていけず、昔ながらの古臭い付き合いを社会人の義務として金科玉条的に若者に押し付けたがる。

もはや、強制的な付き合いは会社にとっても、社員にとってもマイナスでしかない。女性は、その事に目をつけ、若い男子社員を救ってあげるべきだ。

中高年男性に対する処遇

構造的な不況に陥った今日の日本では、終身雇用という言葉はすっかり過去のものとなってしまった。そして、企業によって盛んにリストラが実施されている。解雇の対象として最も標的となり易いのが中高年男性だ。しかし、彼らの間にはリストラという会社の仕打ちに対する激しい反発がある。

「俺たちは若い頃、会社のために長時間低賃金労働に耐えてきた。不況になったからといって安易にリストラするのはひど過ぎる」というような意見がベテランの男子社員からよく聞かれる。しかし、私はこのような意見は甘いのではないかと思っている。

そもそも何故そのような問題が起きたかというと、中高年男性が若い頃に貰うべきものを貰わなかった事が原因だ。今になって権利を主張しても遅すぎる。いくら昔、大活躍していようと、今活躍していないのなら、高い給料は貰うべきではない。何の役にも立っていないのなら、直ちに会社を辞めるべきだろう。それに、過酷な労働に耐えてきたのは必ずしも社会のためではなく、自分のためという人がほとんどだろう。無能な社員や意欲の低い社員がリストラされるのは当然だ。

これに対して中高年男性の中には反発もあるだろう。「会社は終身雇用と偽り、若手社員を扱き使ってきた。ところが約束を破り、ベテラン社員を平気で切り捨てる。これでは、ひど過ぎる」という人もいるだろう。中高年男性の金銭的な主張については一理あるかもしれない。若い頃に貰うべきものを貰わなかった男性が、その分を会社に対して要求したくなる気持ちについては理解できる。終身雇用とはいっても入社時に社員が会社と契約しているわけではなく、単なる経営者の口約束に過ぎない。厳密にいうと終身雇用ではなく、「終身雇用など、もともと存在しなかった」という人もいる。経営者の口約束に過ぎない終身雇用は、法律上は全く無効だ。しかし、終身雇用の必要性を唱えてきた経営者たちは、法律的には無罪だとしても道義的責任は負わなければならならないだろう。

しかし、そういう事情を考え合わせたとしても、中高年男性の主張の中には全く同情できないようなものも少なからず存在する。リストラというと会社の横暴という感じがするが、そうとは言えない場合もある。ある外資系企業では、社員が「こんなに退職金を貰っていいのか」と思うくらいの退職金を会社から受取っている。例えば退職金が一億円だとしたら、ある日突然指名解雇されたとしてもあまり冷酷な企業とは思われないだろう。中高年男性がリストラに反発しているのは金銭的な不満だけが理由ではない。

ある会社では、「給料は出すが、出社しなくても良い」という条件を社員に提示したそうだ。これは非常にありがたい条件のように思える。会社に行かずにアルバイトでもすれば、二重に金が入ってくる事になる。金銭的に見ると破格の条件とも言える。しかし、このやり方は必ずしも中高年男子社員からの評判が良かったわけではないらしい。中高年男性が求めているのは、金だけではなく、大企業の部長といったような社会的地位や会社などの居場所が欲しいという面が少なからずあるようだ。要するに無職でぶらぶらしていたのでは世間体が悪いという事なのだろう。経済的には退職しても充分やっていけるが、何か肩書きがないと嫌だという気持ちがある。やっている仕事の質ではなく、「大企業の部長」といった大して意味の無い見かけだけの地位にこだわる。いつまでも威張っていたいという幼稚な意識もあるのだろう。

中高年男性が今まで貰い足りなかった分の金銭的な要求をするのはまだ良いとして、肩書きを失いたくないために今の地位にしがみ付いているとしたら、それはわがまま過ぎる。無能な中高年男性が高い地位にしがみ付く事によって、若者や中高年女性が皺寄せを受ける事になる。中高年男性だけが生きているわけではないし、気の毒なのは彼らだけではない。社会を大きく発展させてきた中高年男性に対してはそれなりの評価は必要になるだろう。しかし、彼らに報いるには、高い地位や仕事上の強い権限を与える事ではなく、金銭や立派な老人ホームを与えるといった事だろう。そうすれば、有能な中高年女性のポストが増える事にもなる。

第三の男

フェミニストに対する男性の態度は大きく分かれている。これまで男性からなされた代表的な主張としては、「男女は同質ではないのだから、フェミニストの主張には無理がある」という保守派の頑固オヤジの意見が多い。彼らはフェミニストを毛嫌いし、彼女たちの主張を真っ向から否定している。彼らはフェミニストに対して「権利ばかり主張して、責任を果たさない無責任な連中だ」と思い込んでいる。

それに対して、最近はフェミニストの意見に同調する男性も見られる。この人たちの意見は、フェミニストの主張を全面的に肯定し、むしろ男性の側の態度を糾弾している。「女性が苦しんでいるのは、旧態依然とした男どもが悪い」、「男も育児や家事を手伝うべきだ」というような主張が聞かれる。

男性の側のフェミニストに対する反応は、完全否定と完全肯定の大きく正反対に分かれてしまっている。頑固オヤジの主張もフェミニストと称する女性の主張にも偏りが見られる場合が多い。私は両者のいずれにも問題があると思っており、それらのどちらでもない第三の道を選択している。

頑固オヤジの主張は、化石時代のような旧態依然としたものだ。社会が著しく進歩しているにも関わらず、古い社会の決まり事に縛られている。

それに対して、フェミニストを全面的に支持する男たちにも問題がある。男女関係の歪みを作った原因は全て男性にあるわけではない。男性にも被害者はいるし、女性にも責任がある。ただ、女性の味方をすれば良いというものではない。

両者の間違いを示す例としてOLに対する評価がある。頑固オヤジからの主張としては、「OLに甘んじていたり、すぐに仕事を辞めたりする女性が多い。女性は甘えている」というような意見がある。それに対してフェミニスト支持派の男性からは、「OLは昇進や昇給などの点で冷遇されている。男性と同等の条件を与えられないのだから、やる気を失うのはむしろ当然だ」というような主張がある。

これらの主張はどちらも間違っている。まず、頑固オヤジの主張から説明する。甘えたOLは確かに少なからず存在する。私自身も何度もはらわたが煮えくり返るような思いをしている。しかし、外国では馬鹿OLの話を聞かない。馬鹿OLが存在するのは日本のシステムに問題があるからだ。そのシステムを作ったのは男たちだ。だから、その点は反省しなければならない。

次にフェミニスト支持派男性の意見を解説する。「駄目なOLが多いのは、日本のシステムが悪いから」というのは確かだ。

しかし、馬鹿ＯＬは封建的で性差別的な日本のシステムのせいで徐々にやる気を失っていった女性たちばかりではない。そもそも、女性を「女の子」扱いするような会社には、最初からキャリアウーマンは入社したがらない。やる気や能力の低い女が楽そうな会社を選んで、出世や昇進など最初から興味ないという場合が少なくない。だから、ＯＬの出世や昇進が男性より遅れたからといって、必ずしも同情する必要はない。

そもそも、このように男性の態度が大きく分かれたのは、利権との関わりが大きいと推測される。「男は仕事、女は家庭」という主張をする文化人は、保守派の財界人や政治家やマスコミ関係者などのような強力な後ろ盾が得られるだろう。女性団体もまた、今では強力な圧力団体の一つだ。フェミニストに媚びる事によって、見返りを期待する男性がいる可能性もある。それは金銭的な面だけでなく、政党関係者の場合は選挙の女性票を得る事が大きな課題になっている。また、「フェミニストの味方をすれば、女にもてる」と期待する男性がいても不思議ではない。

それに対して、保守派の頑固オヤジどもや女性団体のいずれにも媚びない私のような男は強力な後ろ盾が無い。私は、虚弱な男性や気の弱い男性などのように、男からも女からも大事にされない非力な弱者の立場に立っているために大変苦しい状況にある。頑固オヤジと女性団体という強力な連中を相手に一人で対抗しなければならない。

保守派の頑固オヤジどもは愛国者のふりをしているし、フェミニスト支持派の男たちは弱者の味方のふりをしている。しかし、両者には自分の都合でフェミニズムを語っているだけの人が少なくない。

頑固オヤジどもは自分の地位や収入を守るために、女性の社会進出を拒んでいるだけだ。また、フェミニスト支持派の男性は弱い男性に対する配慮が乏しい。ただ、女を甘やかせば良いというものではない。彼らは必ずしも弱者の味方とは言えない。

そもそも、頑固オヤジとフェミニスト支持派の男性はいずれも男と女をそれぞれ一つの集合体として見ている。そこが間違いのもとだ。それは、男性の中にもフェミニスト支持派がいるという事からも明らかだ。

第八章　女性の社会進出による男性のメリット

主夫志願男性の解放

最近では、主夫になりたいと公言する男性が増えている。日本中に主夫志願の男性がどの程度存在するのかアンケートをとって調べたわけではない。しかし、他人には言わないが、内心は主夫になりたいと思っている男性の数は決して少なくないと思われる。連日深夜まで残業続きで休みの無い過酷な重労働を強いられるくらいなら、家事に専念している方がよほどましだと思っている男性は多分、私だけではないだろう。恐らく主夫志願の男性は、昔からかなりの数が存在していたのだろう。しかし、日本の社会には、男性がその事を公言し難い様々な理由が存在した。

一つは主夫志願男の格好悪さという事があったのではないかと思われる。古い社会では「男は男らしくしなければならない」、「男は外で働き、女は家事を担当する」という性別による固定的な役割分担が根強く存在した。これは男性だけの考え方でなく、女性の側にもそのような男性を求める発言をする人が少なからず存在した。女性の中には、結婚相手の男性に肉体的頑強さや頼りがいや高収入や高い社会的地位を期待するような人が多かったし、リーダーシップを求める女性が多かった。「僕は主夫になりたいのだが、主夫になりたいなどと公言したら、きっと女性にもてないだろうな」と思って口にしなかった男性も多いのではないだろうか。

実際、主夫志願を公言する男性は女性からあまりもてているようには思えない。女性の側からも、「医者と結婚したい」という意見はよく聞かれるが、「結婚相手として、主夫志願の男性が好ましい」などという希望を聞いた試しが無い。女性にもてるために仕方なく、柄にも無く頼りがいのある男性を演じていた男性も少なくないのではないだろうか。

もう一つの大きな理由としては、相手の女性の経済力に関する問題が考えられる。主夫になった場合、あまり高い収入は期待できない。主夫になった男性は低収入になる可能性が高いし、全く収入が無いような場合もあるかもしれない。主夫は、一般の働く男性と比べて妻に対する経済的依存度が高くなるだろう。しかし、夫や子供を養っていくだけの充分な収入を得られる女性というのは、「男中心社会」と言われるように働く女性に対して極めて冷たい日本の社会では、なかなか見つからないだろう。

「僕は主夫になりたい」あるいは「仕事より家事中心の生活を送りたい」と男性が思っていても、結婚相手として経済的にふさわしい女性が見つかりにくく、ほとんど無い物ねだりに過ぎない状態だった。「主夫になりたい」という希望をいくら言っても意味が無いから、言うのをやめてしまった男性は意外に多いのかもしれない。

女性の社会進出は主夫になる事を志願する男性にとっては朗報だし、女性自身の解放のみならず男性の解放にも大きく繋がってくる。しかし、ここで重要なのは、家事を積極的にやりたいと希望する男性を、女性が軽蔑していないかという点だ。

男性に家事の負担を求め、家事を手伝わない男性を厳しく責めながら、家事を生活の主体にしたいと希望する男性を軽蔑するのは矛盾に満ちている。今まで女性は、高収入や高い地位の男性をもてはやしてきた。低収入の男性に対して冷たかった。

主夫志願の男性や家事主体の生活を希望する男性を温かく受け入れてこなかったのは、男性だけでなく女性の側にも大きな責任があった。家事を主たる仕事とする男性を軽蔑せずに温かく受け入れるような社会に変革する必要がある。

主夫志願の男性が希望を達成するには、女性の社会進出が必須条件になる。フェミニストはそのような男性たちと手を組んで、女性の解放を進めてはどうだろうか。

競争力の向上

日本の企業や大学では、日本人の中高年男性がほとんどの要職を占めているのが現状だ。若者や女性や外国人がなかなか出世しにくいシステムになっている。しかし、今日の厳しい国際競争に勝ち抜くためには、従来のような中高年男性が中心の封建的なシステムでは通用しづらくなっている。これからの社会では、性別、国籍、年齢、人種などに関わらず、優秀な人材は積極的に登用していく事が大事だ。

今の日本では女性が要職についている例が極めて少なく、優秀な能力を持った女性が才能を持て余しているのが実情だ。特に科学や技術に関する研究開発の分野では、男性だけを活用していたのでは、いわば片肺飛行をしているようなものだ。それだけで国内に存在する優秀な人材のおよそ半分を無駄にしている事になる。そして、科学技術などの国際競争を進める上で、とても大きなハンディとなっている。これは女性に対する待遇に限った事ではないが、日本の社会は個性や独創性に恵まれた天才的な人材に対して極めて冷淡だ。特に女性に対しては、その傾向が強い。優秀な女性の能力を無駄にするのは実にもったいない事だ。

優秀な女性を飼い殺しにする事によって損失を受けているのは女性だけではない。優秀な女性の中には日本にいても、お茶汲みやコピーのような雑用をさせられるだけでつまらないから、国外に脱出してしまった人もいる。現在、日本に住んでいる優秀な女性にしても、その人の能力が所属する組織で活用されていないのなら、いないのと同じ事だ。優秀な女性を飼い殺しにする事によって、社会全体として生産性が低下するから、男性もまた損失をこうむる事になる。

高度経済成長期以前の日本では、天才的な頭脳や独創性を必要とする仕事はほとんど無かった。だから、「仕事の能力なんて、努力によってほぼ決まってしまう。人によって大差があるわけではない」というふうに思われてきた。しかし、今の時代はコンピュータのプログラミングをはじめとして高度な頭脳や個性や独創性が求められる仕事が著しく増えている。人によって仕事の能率で一対十くらいの差がつく事はちっとも珍しくない。天才的な頭脳を持った女性が一日一時間しか働かなかったとしても、平均的な能力を持った男性の一日当たりの業績を上回る事も十分可能だ。出産や育児といった女性特有のハンディを考慮しても、天才的な女性ならば十分採算がとれる。

多くの優秀な女性が社会に進出する事によって、大して能力がないにも関わらず惰性で要職についている男性たちの中には多大な経済的損失を受ける人も少なからず出て来るだろう。しかし、仕事に対する能力や意欲に欠ける男性が重要なポストから追われるのは当然の事であり、その人たちに対して同情する必要は全くない。

経済的な理由以外に女性の社会進出によって男性が何らかの損失をこうむる場合があるとしたら、その一つとして精神的な損失があげられる。これからの時代は女性が上司になる機会が増えてくるだろう。男性の中には女性に命令される事を嫌う人もいる。しかし、それは単なる男性のわがままなのであって、そんなふうに考える勝手な男性もまた無視して一向に構わない。そのような男たちのつまらないプライドと社会の発展を比べると後者の方が遥かに重要だ。

女性の社会進出が必要だといっても、ただ女性が社会に進出すればよいというものではない。単に女性経営者や女性政治家や女性教授などが増えたからといって、手放しで喜ぶわけにはいかない。要職についた女性や従来男性の仕事とされていた分野に就職した女性たちが、果たして男性に負けないような立派な仕事をしているかどうかという事が大きな問題だ。もし、政治家の半分が女性になったとしても、彼女たちの能力が男性より著しく劣っていたり遊んでいたりするだけだったら、それはむしろ女性の社会進出にとってはマイナスにしかならない。

肝心な事は、社会に進出した女性の数ではなく、働く女性の質だ。たとえ女性の大臣が日本で一人しかいなかったとしても、その女性が男性の大臣に負けないような立派な働きをすれば、女性に対する見方も変わってくるだろう。逆に多くの無能な女が女性であるというだけの理由で出世したりすると、「女性は無能だ」という事の証明になりかねない。古臭い男たちからは、「だから女は駄目だ」と決め付けられてしまい、女性自身が却って困る事になりかねない。あくまで、優秀な女性や意欲のある女性だけを取り立てるべきだ。

男性の負担減

女性の社会進出は多いに歓迎すべき事だ。しかし、権利を得るという事は同時に責任も負わなければならないという事だ。あまり、じじ臭い事は言いたくないのだが、女性だからといって甘えは許されない。これからの時代は、女性に対して男性並みの働きが求められるのは当然だ。そのような意見に対して、「現在、日本の男性がしているような過酷な長時間の残業や休日出勤はしたくない。仕事のために生活を犠牲にしたくない」と主張する女性も少なからず存在する。私だって残業はしたくないし、女性が夜遅くまで残業したくないと思う気持ちがわがままとは全く思わない。しかし、そのような意見には多少勘違いがあるように思う。

女性の社会進出が進めば、その分労働人口が増える事になる。そうすると、労働者一人当たりの仕事量は減る事になる。場合によっては、労働人口が今までの二倍近くになり、労働者一人当たりの仕事量が今までの半分近くに減る可能性がある。だから、女性は従来男性がやっていたような過重な長時間労働を必ずしもする必要はない。今まで、外でやる仕事はほとんど男性だけが担当していたようなものだ。結婚している男性の場合は二人分の働きをしなければならなかった。家族を一人で支えるために、夜遅くまでの残業を余儀なくされてきた男性も少なくない。

男性の中には自分の妻が家事に専念する事を望む人や、妻の収入が自分の収入を上回っている事をひどく嫌う人もいる。しかし、男性のプライドや精神的な面についてはともかく、世間体を全く気にしない男性にとっては、妻の収入が高くなるという事は決して悪い事ではない。それによって家計も助かり、より良い生活が送れるようになる。これはとても喜ばしいことだ。

このように女性の社会進出が進めば、今まで男性がしていた過大な負担が大幅に減る可能性がある。女性の社会進出は決して男性にとって損というわけではない。

逆に女性の社会進出を達成するためには、男性の残業を減らす事が必要になる。男性が仕事だけをして家事をやろうとしないことに対して、攻撃的態度で、男性の仕事と家事に対する態度を責める女性が多い。「仕事が忙しいという事を理由に、家事を手伝わないというのは通用しない」といって男性を責めたてる。しかし、男性は必ずしも家事をしたくないために、仕事が忙しい事を言い訳にしているのではない。むしろ、「家事を手伝えば残業を一切しなくても許されるのなら、勤務時間が終わったらすぐに家に帰って家事をしたい」と思う男性も決して少なくないのではないだろうか。女性は男性に対して攻撃的な言い方で家事の手伝いを強要するのではなく、「そんなに無理して残業する必要はありません。勤務時間が終わったら早く家に帰っても構いません。その代わり、もっと家事を手伝って下さい」と穏やかに言えないのだろうか。そうすれば、快く家事に協力する気になる男性だって出てくるだろう。

そもそも、日本の男性が長時間の残業をしているのは、個人の生活を無視した企業の姿勢や完全に企業の手先となってしまった労働組合やほとんど無力な労働基準監督署の責任が大きい。責めるのなら、そういうところを責めるべきだ。

年上に憧れる男性

日本が男中心社会であると主張する女性は多い。経済面や社会的地位という点に関しては、確かに男性の方が女性より圧倒的に優位な立場にある。その点は重要だし、決して無視する事はできない。しかし、だからといって日本が男性にとって暮らしやすい社会というわけでは決して無い。経済力以外の精神的な面については、全ての男性にとってありがたい社会とは言えない。

日本の男性が日本の社会制度や慣行によって苦しめられている例の一つとして、年上の女性が好きな男性の悲劇がある。これは日本だけに限った事ではないかもしれないが、日本の夫と妻の年齢を比べると、平均年齢は夫の方が高い。夫の方が妻より高齢な場合が圧倒的に多い事の大きな要因の一つは、夫婦間の経済力に格差がある事だ。一般的に、若者は中高年より経済力が劣っている。恐らく、どこの国でも若者は低収入で、あまり金を持っていないのではないかとは思うが、日本の場合は年功序列的な組織やシステムが多いので特にその傾向が強い。

だから、夫婦の年上の方が家計を支えざるを得ないような場合が少なくない。しかし、日本では女性が極めて働きにくい状況にある。そのため、女性が高収入を得る事は非常に難しい。日本の企業は社員として若い女性を好むので、中高年女性の場合は特に労働状況が過酷だ。

三十歳の女性と二十歳の男性が結婚したいと思った場合について考える。その場合、状況は極めて厳しい。二十歳の男性では、自分自身の生活費を稼ぐ事すら困難だし、まして、妻や子供を養っていく事は至難の業だ。三十歳の女性は三十歳の男性と比べて地位や収入が低い場合が多い。また、中高年の女性が嫌われる日本の企業では、三十歳の女子社員の方が三十歳の男子社員よりリストラされる確率は高い。三十歳の女性が二十歳の男性を経済的に支えていく事もまた困難だろう。

それに対して、三十歳の男性が二十歳の女性と結婚する事は世間体さえ気にしなければ、あまり大きな障害は無い。経済的な面だけを考えると、このような年の差のある結婚には全く無理はない。四十歳の男性が二十歳の女性と結婚しようとする場合もまた経済的には全く問題が無い。

経済的な要因だけでなく、法律的にも年上の女性と年下の男性の結婚には大きな障害がある。日本の婚姻に関する法律には夫が妻を養うという事が前提となっているようなものが少なくない。この点はフェミニストによって盛んに指摘されているので、私が言うまでもないかもしれない。女性が働きづらいという事は単に女性に対するハンディというだけでなく、結果的に一部の男性に対しても大きな精神的苦痛を与えている。

日本の社会は男に有利な社会と言われているが、それはあくまで経済的な面だけを見た場合に過ぎない。「金の亡者になっているロリコンおやじ」にとって今の日本は願ってもないありがたい社会であろう。しかし、金と愛と比較した場合に、どちらをとるかというのは人によって違うだろう。両者は全然異質のものなので比べようが無い。男中心社会と呼ばれている日本のシステムのために泣いている男性も少なからず存在する。もちろん、経済的な面というのは非常に大事だし、女性の経済力の貧困さを無視する事はできない。しかし、日本のフェミニストをみていると、金が人生の全てと考えているのではないかと思われるような人も多数存在する。

日本中の男性が、男中心社会と言われている日本のシステムや慣行を好んでいるわけでも支持しているわけでもない。年上の女性を好む男性にとって、女性の社会進出は悪い事ではない。むしろ、喜ばしい事であり、朗報だ。フェミニストはそのような男性と積極的に手を結んではどうだろうか。

第九章　女性解放のための対策

権利と責任の明確化

性差別を是正するのに必須な条件は、社会が権利と責任が明確である客観的評価システムを備えている事だ。「女は引っ込んでいろ」というような女性蔑視的な発言をする男性がいれば明らかに性差別と断定できるのだが、性差別であるかどうかの判定が微妙であるような事例は実社会では決して少なくない。特に問題になるのが、能力や成果に対する評価だ。

同期の男子社員より出世が遅れた女性が性差別だとして裁判に訴えた事例が、新聞紙上に掲載される事はよくある。この場合、第三者には性差別なのかどうかは新聞を読んだだけでは判定する事が難しい。もし、「疑わしきは罰する」という事になると、訴えた女子社員が全く働かずに遊んでいるだけの無能な社員であるとしても、企業が負ける事になる。ごね得という事になり、男性にとって不公平になってしまう。

男女間のトラブルの全てが性差別やセクハラによるものとは限らない。女性が男性から性差別やセクハラなどの性的な被害を受けたという訴えがあった場合、個々の場合について性差別やセクハラなのかどうか厳しく峻別する必要がある。性差別やセクハラなどの性的な被害を全く受けていないのに、受けたふりをする女性に対しては、厳しく罰する必要がある。「疑わしきは罰せず」が原則だが、現行の日本のシステムには大きな問題がある。日本企業は協調性を重視し、個人の責任が曖昧であるという特徴がある。年功序列と協調性を重視する日本のシステムは、実力主義と個人主義を基本とする欧米のシステムとは大きな違いがある。両者の違いについては、文化の違いと主張する人が少なくないが実はそうではない。最近では日本企業の経営者も実力主義志向になっている。実力主義や個人主義は究極のシステムだ。

では今まで何故、日本は年功序列で集団主義だったのだろうか。また、日本企業で一般的だった年功序列と集団主義は間違っていたのだろうか。その答えとしては、日本が過渡的な発展途上国であった事があげられる。もし、実力を客観的で公平に評価し、個人の権利と責任や仕事の成果を明確化する事が可能であれば、実力主義と個人主義は優れたシステムであると言える。

しかし、現実問題として、個人の能力や業績を客観的に評価する事は非常に難しい。その点、年功序列は基準が誰の目にもはっきりしている。さらに、人口が増え続ける社会では、ピラミッド構造の年齢構成になっているので、数の多い若年者に低い給料を支払う年功序列制度は企業にとって大変都合が良かった。年功序列は古い社会においては一種の合理主義であったのだ。そういうシステムを採用していたために、個人の能力を判定するシステムの導入が遅れてしまった。

個人の能力を客観的で公平に評価するシステムが無いと、結果的に性差別に繋がり易い。ただ、気をつけなければならないのは、現行の評価システムでは男性と女性のどちらかが常に得をするというわけではないという事だ。同期の男子社員と比べて女子社員の出世が遅れたのは、その女子社員が無能で意欲が低かったせいだという事も考えられる。今の状況では「疑わしきは罰する」か「疑わしきは罰せず」のどちらにしても、極端な結果になってしまう。優秀な女性が女性であるために出世できないという事もあるだろうし、逆にろくに働きもしない女が女である事を利用してごね得になってしまう可能性もある。どちらも好ましくない。

また、現在のような曖昧な労働形態を改め、予め契約によって、仕事の内容を細かく決めておく事が必要だ。日本の職場では、お茶汲み、コピー、力仕事など本来与えられた業務ではない仕事や雑用を命じられる事が多い。特に「女はお茶汲み」、「男は力仕事」という明文化はされていないが性別により慣習的に行われている役割分担の存在が大きな問題だ。それらの作業をさせられる事による時間や肉体的疲労や精神的苦痛といった損失は決して無視できるレベルではない。男女の賃金格差がよく取り沙汰されるが、男性が従来の仕事ではない力仕事をさせられたり、上司の私用で使われたりする機会は多い。そのようなただ働きの分を考えると、男女別の損得勘定が本当はどうなっているかは微妙だ。お茶汲み、コピー、力仕事など契約外の仕事をさせる場合は男女に関わらず、上司が本人の意思を確認して別途賃金を支払うべきだ。

保護の廃止

日本で女性の社会進出が欧米に比べて著しく遅れているのは、日本の男性の意識が古いという事だけが理由ではない。日本の女性の中に、女子保護規定の存続に強くこだわり続けた人が多く存在した事が大きな原因の一つだ。

戦後の日本では、「女工哀史に見られるような過酷な労働を女性にさせない事が、女性の解放につながる」と考える女性が多かった。そのため、女子保護規定が強化された。このような動きは日本に限らず、かつては欧米でも見られた。しかし、アメリカをはじめとして欧米諸国では、日本よりかなり早い段階から女性だけに与えられてきた保護規定が撤廃される傾向があった。アメリカではかなり以前から、女子社員が妊娠しても、「妊娠したのは本人の責任なのだから働くのが当たり前だ」といった具合に働く女性が厳しく扱われていた。男女平等という事は女性の権利だけでなく、責任もまた増えるという事を意味している。その点で、日本の女性団体の主張には甘えがあった。

女子保護規定の存在は女性の就業を困難にする大きな理由の一つとなっていた。企業としては手厚い保護をしながら労働させなければならない労働力は当然使いづらいに決まっている。そんな決まり事があったら、企業が女性を採用したがらないのはむしろ当たり前だ。女子保護規定を強化するのは、女性を雇うなと言っているようなものだ。

「女性に深夜労働や重労働をさせない」というような女子保護規定は明らかに男性に対する差別だ。女性のみに特別な保護が与えられるのは、如何なる理由があろうと性差別以外の何ものでもない。そんなものが必要な合理的理由は何も無い。男女平等を唱えながら、女性だけを保護する決まりを作ろうなどというのは矛盾している。

女子保護規定は雇用者や男性に対してだけでなく、働く女性にとっても障害になっていた。キャリアウーマンの中で、男性に負けずに働いたり、深夜労働をしたりする事を希望する女性には、女子保護規定は邪魔くさい存在だった。女子保護規定は女性にとって一概に損とか得とか言える存在ではない。

母性の保護という観点は、時として女性自身を苦しめる可能性もある。女性が子供を立派に産むあるいは育てるために母性の保護が必要なのだとしたら、子供を産まない女性に対しては保護が必要ない事になる。四十歳以上の女性が子供を産む確率は低い。若くても子供を産めない体質の人もいるだろう。また、子供を産みたくないという女性もいるだろう。子供を産めないあるいは産む気が無い女性をゴミのように扱ってもよいというのだろうか。

仮に母性の保護が必要だとしても、現行の女子保護規定は母性の保護という点に関して、果たして役に立っているのかどうか大いに疑問だ。いずれにせよ、女性に対する保護は出産や育児などに関連する休暇など必要最小限のものに限定し、それ以外の女子保護規定は一切廃止すべきだ。

女性が男性に対して従属的な立場にあったのは、女性が男性に守られてきたからだ。守ってもらっているのなら、当然、女性は男性に感謝すべきだ。女性に対して保護が必要という事は、女性が外で働く事に障害があると自ら言っているようなものだ。

女性が外で働く事に何の障害も無いのなら、性差別は存在しなかったかもしれない。つまり、女性自身が性差別を受けてもやむを得ないような状況を作り出してきたのだ。女性の社会進出は、「女性の能力は男性に対して劣っていない。女性は自分の事は自分で出来る」という事が前提になっているのだから、肝心な時に男性に頼るというようでは困る。女性が男性に対して対等な立場を要求するのなら、従来女性に対して与えられてきた保護や特権を積極的に放棄すべきだ。

おまけの無駄

これは日本に限った事ではないが、おまけ商法というのは大きな効果があるらしい。グリコの菓子などをはじめとして、本体自身より、おまけを手に入れる方が大きな目的である子供は多い。子供がおまけ商法に引っかかるのは仕方ないとして、大人の中にもおまけを貰う事を無邪気に喜ぶ人が少なくない。

しかし、おまけがついてくると客は得したような気分になるが、その分、本体のサービス低下に繋がり易い。おまけを貰った客は、必ずしも得をしたわけではない。

これは、日本企業の若い女子社員に対する扱いについても同じ様な事が言える。日本企業の中には彼女たちを労働力としてだけではなく、職場に置いておく事によって、男子社員の労働意欲を高めたり、男子社員が結婚相手を見つけやすくしたりするための道具として考えているところも多いようだ。仮に、そのような方法が男子社員の士気を高めたり、結婚相談所としての副産物的な効果があったりしたとしても、彼女たちの雇用にかかっている人件費を考えると、採算が合っているのかどうか大いに疑問だ。いくら日本で女性の給料が男性より安いと言っても、通勤費や保険料やボーナスなど女子社員にかかっている全ての費用を考えると一人当たりの人件費は月二十万円以上になるのが普通だろう。きつい言い方かもしれないが、日本の若いＯＬには企業内慰安婦とでもいうべき存在が多い。ホステスを職場に常駐させているような状態だ。しかし、女が欲しかったら職場ではなく、他所で探した方が良いのではないだろうか。たまたま、職場に好みの女性がいて、相手も好意を持ってくれれば、それで良いかもしれないが、必ずしもそううまくいくとは限らない。男子社員の女性に対する欲望を満たす事が目的なら、働きの悪いＯＬに払う給料分の金を男子社員の給料に回したり、男性の休みを増やしたりした方が、まだ女性にもてるようになるのではないだろうか。

また、個々の男女間の付き合い方についても同じ様な事が言える。男性は恋人や結婚を考えている女性などに対して、高価な贈り物をしたり食事を奢ったりする事が多い。相手の男性を「一時的な相手であり結婚相手ではない」と考える女性としては、このようなサービスを受ける事はありがたいのかもしれないが、結婚という事を考えると大いなる無駄をしている事になる。仮に一千万円するダイヤモンドを貰ったところで一生生活していけるわけではないし、結婚してからも毎日、贅沢な食事を奢ってもらえるわけではない。結婚前には女性に宝石を贈ったり、高級外車で毎日デートに誘い、高価な食事を奢ったりするなどサービスに努める男性は少なくない。しかし、結婚後は単なる雑役婦として扱われる女性も少なくない。若い頃は男性からちやほやされても、年をとってくると何もしてもらえず、結局人生を通して考えると損をしている女性も大勢いるようだ。これが果たして田嶋陽子教授の言うような「男社会の陰謀」なのかどうかは分からないが、男性から物を貰ったり、様々なサービスを受けたりしているうちに、自分で何もできなくなり、男の奴隷状態に陥る可能性がある。女性は、物をくれたり親切にしてくれたりする男性より、女性が働きやすい環境を作る事に尽力する男性に感謝すべきだ。

このように、企業も女性もおまけに期待するのではなく、本体の質の向上を求めるべきだ。

SOHOの可能性

パーソナルコンピュータとインターネットの発展によって、コンピュータ同士の接続が容易になっている。家庭のコンピュータを外部のコンピュータと接続する事も容易にできるようになった。それによって、SOHO（Small Office Home Office）というシステムが出現した。

ＳＯＨＯは自宅や小規模事務所などが職場になるが、女性の解放に関して大きな可能性を秘めている。パソコンをインターネットに繋ぐことは、手間も金も特殊な技能も広い場所も大して必要としない。ＳＯＨＯは新しい仕事の形態として、世界中で注目されている。

ＳＯＨＯの登場は女性の解放にとって朗報であると私は考えている。自宅で仕事が出来るというのは非常に便利な事だ。ＳＯＨＯの導入によって、労働者が時間に拘束されにくくなる。女性が働く上で大きな障害になっていたのが、労働時間の制約だった。ＳＯＨＯだと働く時間帯を自由に選べるし、自分の都合に合わせて働くことが出来る。また、家事と仕事の両立も容易になる。

通勤の必要が無くなるというのも大きなメリットだ。通勤時間の無駄が無くなるし、通勤費がかからなくなる。会社勤めをする場合、どんなに通勤時間が短い人でも、通勤に一時間近くはかかってしまうのが普通だ。満員電車で体を押しつぶされて体調を悪くする事もなくなるし、痴漢に悩まされる事も無くなる。通勤電車の混雑が緩和される事になるので、本人だけでなく、電車で通勤する会社員にとってもありがたい話だ。

短時間の労働に従事したいという人にとっても朗報だ。従来だと一日四時間労働する人であろうと十六時間労働する人であろうと住所が同じならば会社は同じ通勤費を支給しなければならなかった。だから短時間の労働をする人の通勤費は給料に対する比重が大きく、企業にとってありがたくなかった。そのため、長時間労働に絶え得る男子社員が好まれた。また、短時間の労働者にとっても通勤にかかる時間というのは大きな損失だった。しかし、SOHOだと、四時間労働をする人には四時間分の給料だけを与えれば済むのだから、長時間労働を苦手とする女性労働者にとっては有り難いシステムが登場したと言える。

この方式では他人との接触がないのでセクシャル・ハラスメントに悩まされる事も格段に少ないと思われる。

SOHOのメリットは金や時間の節約といった物理的要素にとどまらない。男性の中には「女性の上司のもとで働くのは嫌だ」というような人もいるが、SOHOだと相手の性別や人種や年齢などあまり気にならなくなるという傾向があるようだ。「インターネットは人との触れ合いを無くすので人格形成上好ましく無い」という意見もあるが、逆に言うと差別意識が少なくなるというメリットもある。

また、家庭内でする仕事が外の仕事より程度が低いという概念も過去のものとなってくる。従来、家庭内でやる仕事で高い収入が得られる仕事や地位が高い仕事というのは、作家や画家といったクリエイティブな仕事しかなかった。外でする仕事が高度な仕事で、家の中でする内職などといった仕事は低級であるというイメージが強かった。しかし、SOHOだと家庭のパソコンからスーパーコンピュータにアクセスすることも可能なので、自宅にいながらにして国家的プロジェクトのような極めて重要な仕事に参加することも可能になる。今では、大抵の頭脳労働は家庭でする事が可能になっている。実力があれば、主婦をしながら、一般の男性サラリーマンを遥かに超える高い収入を得る事も十分可能だ。主婦に対する見方も、大きく変わってくる可能性がある。

男性の使い方

女子社員の活用について、男性管理職の中には「女の子は怒鳴るとすぐ泣くし、殴るわけにいかないし、扱いにくい」という人が少なくない。しかし、男性管理職は、女子社員の扱い方が分からないというより男子社員の扱い方が分かっていないというのが実態ではないだろうか。

男女平等なのだから、女子社員が泣こうとわめこうと関係無いし、男子社員と全く同じように扱えば良いのだ。こういう言い方をすると「女性を殴れと言うのか、けしからん。野蛮な奴だ」と思う人がいるかもしれないが、そういう意味ではない。怒鳴ったり、殴ったりしなくても、厳しい指導は可能だ。

日米間のプロ野球の違いを例に説明する。日本では選手に対して強制的に練習をさせるコーチや監督が多い。ミスをした選手が指導者から罵声を浴びたり、時には鉄拳制裁が加えられたりする事も珍しくない。それに対して大リーグでは、選手の自主性が尊重される。練習中にコーチの怒声はほとんど聞かれない。コーチが選手に鉄拳制裁を加えたという話はあまり聞かない。それでは、日本のプロ野球の方がアメリカより競争が厳しいのかというと、決してそんな事はない。大リーグの方が遥かに競争が厳しいのが現実だ。大リーグでは甘えは許されない。結果を出せない選手は容赦なく切り捨てられる。日本のプロ野球では、長時間に渡って一生懸命に黙々と練習している選手はあまり良い成績を残せなくても、温情で何年もチームに残して貰えたりする。

会社というのは家庭や小学校とはわけが違う。自分の子供なら、頭や運動神経や態度が悪い子でも親には養育する義務があるから、気に食わないからといって子供を勝手に捨てるわけにはいかない。小中学生の場合は義務教育なので、どうしようもなく態度が悪い生徒だからといって学校に来させないわけにはいかない。いっぽう、大人が特定の会社に勤める事は国民の義務ではない。企業が社員を教育するのは幼児を育てるのとは全くわけが違う。従業員の能力や意欲が著しく低かったり、従業員が極めて悪質な行為を働いたりした場合には、解雇や減俸や配置転換などの手段によって対処すれば良い。態度や働きが悪い社員を殴る必要は何もない。部下が暴力を振るったり、横領などの犯罪や不正を働いたりするなど手のつけられない悪事を働いた場合は警察に通報すれば済む。

仮に社員の人権を完全に無視して奴隷のように扱って良いという法律があったとしても、殴ったり、説教したりする指導は必ずしも会社の利益になるやり方ではない。殴ったり、説教したりする事による時間的、精神的、肉体的な損失は少なくないと思う。

全く合理的でないにも関わらず、鉄拳制裁といった方法が日本企業でしばしば行われてきた理由は、日本企業で採用されている前近代的なシステムにある。日本企業は、年功序列、終身雇用といった一見すると家族主義的な経営を柱としてきた。このような働いても働かなくても待遇は大して変わらないシステムでは、放っておくと働かない社員が出てくる可能性が高いのは当然の事だ。日本の企業では、やる気や能力が全くない社員であろうと依願退職でもしない限り、会社を簡単に辞めさせる事ができないシステムになっている場合が多い。また、残業代をカットするような悪質な会社もあるが、非効率的なシステムを抱えている会社は社員が一生懸命働いても十分な報酬によって報いる事ができない場合がある。

これらの問題は企業のシステムを実力主義に転換すれば解決する事ができる。社員の実績に応じた給料を支払えば良い。もし、やる気も能力もない女子社員がいれば、減俸あるいは解雇処分にすれば良いのであって、怒鳴ったり鉄拳制裁を加えたりする必要など無い。

大学の意識改善

最近、大学でのセクハラが話題になっている。この問題は新聞紙上などでも盛んにとりあげられているが、アカデミック・ハラスメントという言葉まであるようだ。女性の学生や職員が、女性であるために如何に不愉快な思いをし、差別されているかという事がやたらと強調される事が多い。しかし、女性が単純に被害者であるとは言えない。それどころか、私の経験からすると、男性の力がより大きな被害を受けているような気がする。

女子学生が担当の教授から体を触られたり性的関係を強要されたりする事は、閉鎖的な日本の大学の風土からすると、行われていたとしても全く不思議は無い。もちろん、そういう卑劣な行為は悪い事だし、被害を受けた女性が抗議するのは当然の権利だ。教える側の強い立場を利用して、女性を我が物にしようとする男性には厳しい制裁が必要だ。

しかし、女性の権利が不当に侵害される事が多い一方で、女子学生が甘やかされがちであるというのも、日本の大学の特徴だ。日本の大学では上下関係がやたらと厳しい事が多い。上級生から無理やり酒を飲まされるなどの嫌がらせを受けた経験のある人は少なくないだろう。そのような封建的で理不尽な人間関係が多くの大学で横行している。ところが、女子学生に対しては、女王様のような大事な扱いをしている大学も少なくない。女子学生の場合は男子学生のように飲酒を強要される事もほとんどないし、新入生でも大事に扱ってもらえる。私の出身大学では、ある工学部教授が、「実験は力仕事だから、女性にとっては辛いし、好ましくないのではないか」と言った。そのために女子学生が卒業研究として実験を担当する事を免除された事があった。

女子学生が大学で甘やかされている事については男女ともに責任があるのだが、誰の責任かを決める事は難しい。教官による女子学生の甘やかしという部分は少なからず存在するだろうが、男子学生が女子学生を甘やかしている場合も少なくないので、責任者を特定しにくい。長年に渡り、女子学生を甘やかす風土ができあがってしまっている。

甘えた態度を取っている女子学生自身にも問題がある。甘やかす男が悪いとはいえ、それに甘えていてはいけない。就職難やセクハラなど自分たちが不利益をこうむった時だけ権利を主張し、それ以外の点に関しては極めて保守的な思想の持ち主である女子学生は少なくない。

女子学生や大卒の女性に対する日本社会の対応は、男女平等思想と保守的な思想のどちら側から考えてもおかしいのではないかと思われる。男女平等と考えるのなら、男女を全く同じ様に扱うべきだ。女性に対して特別扱いはいらないし、女性だからといって排除するのもおかしい。

また、「男は仕事、女は家庭」という保守的な思想に従うとすれば、そもそも大卒の女性など社会にとって必要無さそうに思う。「女は家庭」というのなら、大卒などという称号は女性にとって単なる飾り物に過ぎない。良い結婚相手を見つけるための道具と考えている女性がいるとすれば、実に下らない事だ。単に専業主婦になるのなら、中卒でも充分だ。

大卒の女性が冷遇されているのは、もちろん企業にも責任はある。コピーやお茶汲みをさせるために何故わざわざ給料の高い大卒の女性を雇うのか理解できない。ただ、決して企業の肩を持つわけではないが、私が学生の頃に同じ大学にいた女子学生たちを思い浮かべると、「大卒の女子学生など、あまり雇う気にはなれない」とは思ってしまう。これは決して、女性蔑視ではない。彼女たちだって、鍛えれば男性に負けない働きをするだろう。しかし、大学で甘やかされ、女王様のような待遇を受けてきた連中が社会の厳しさにはとてもついていけないだろう。

女子学生が教授のペットになってしまっている大学も見受けられる。女子学生は大学教授の私物ではない。大学での女子学生に対する扱いは、単に女子学生の人権という問題に留まらない。男性にとっても大きな損失だ。大学は税金で運営されている。

これは国公立大学だけでなく、私立大学にしても補助金や助成金が絡むから、やはり税金とは無縁ではない。大学は戦力として役立つ女性を育成すべきだし、女性に対する特別扱いの風土はなくしていかなければならない。コピーやお茶汲みをするしか能の無い女性しか作れないというのでは情けなさすぎる。女性が単に花嫁修業をするのだったら、お料理学校にでも行けば良い。

大学関係者は、女子学生に対する扱いについて厳しい意識改革が必要だ。

馬鹿ＯＬの排除

日本の性差別問題を語る上で、企業に巣食う馬鹿ＯＬどもの存在を無視する事はできない。週刊誌などでも盛んにとんでもない馬鹿ＯＬの常軌を逸した行動が話題になっているが、日本企業の若い女子社員の中には常識を遥かに超えた凄まじい馬鹿女が数多く存在する。

私は㈱鴻池組という建設会社の元社員だが、同僚のOLの中にもとんでもない馬鹿女がいた。彼女は製図を担当していたが、一日中、お喋りと居眠りをして過ごし、三日に一度は腹痛を起こして会社を休んでいた。私が彼女の寝ている後ろ側を通ろうとすると、物凄く不機嫌な顔で起きあがり、「後ろを通るな」と先輩の私に対して怒りまくっていた事があった。勿論、仕事は全然出来ない。私語の内容も、呆れるほど幼稚なことばかりだ。「この写真、ブスに写ってる。私、こんなブスじゃない」と就業時間中に自分の写真を見ながら怒り狂っている場面がしばしば見られた。「土手で転んでドテッ」、「迷っている人が乗る電車は？ 答え、井の頭線（いいのかしら）」などと今時小学生でも言いそうも無い愚にも付かないほとんど最低の駄洒落を後輩に語りかけ、仕事の邪魔をしていた。さらに、頭だけでなく体も悪いらしく、「腹いてえ、けついてえ」と顔を歪めて悶絶するのが彼女の日課になっていた。このような凄まじい女子社員がいても、ほとんどの上司は何も注意しなかった。一人だけ彼女に説教をした上司がいたが、この女子社員はアンパンマンのように、これ以上丸い顔は世界中捜しても無いと思われるくらいに顔を膨らませて、不機嫌な感情をあらわにしていた。

このような馬鹿OLが存在するのには、女性だけでなく男性にも責任がある。女子社員がオッサンたちによって甘やかされている事が大きな理由だ。私は総務部長から呼び出されて、いきなり怒鳴られたことがある。「お前、女の子に乱暴な事をしたそうじゃないか」。やくざ顔負けの態度で怒鳴られて、私は震え上がってしまった。鴻池組という名前からも分かる通り、もともとがらの悪い会社であり、やくざとの関係を自慢する上司もいた。私は職場で何度も暴行を受けた経験がある。総務部長や警察官ＯＢは暴力団や総会屋担当の人が多いから、強面《こわもて》の人物が多い。だが、勇気を振り絞って私は聞き返した。「私は女子社員に対して指一本触れていませんが、誰に対してどんな乱暴な事をしたのか説明して貰えませんか」。総務部長はそれに対して曖昧な返答に終始していた。総務部長は、被害者の名前も、私がどんな行為を働いたのかも一切説明しなかった。

結局、はっきりした事は分からなかったが、それについて一つだけ心当たりがある。前述の製図担当の女子社員とは別に、事務担当の女性がいた。彼女は新聞の切り抜きを担当していたが、「今ある仕事が手一杯で、とても新聞の切り抜きなどやっていられない」と上司に泣きついた。本当は大して忙しくもなく、遊んでいるような状態だった。しかし、上司は女子社員に甘いので、その仕事を私に押し付けた。私は気に食わなかったが、命令なので仕方なく新聞の切り抜きを引き継ぐ事になった。ところが、彼女は三年分の新聞を切り抜かないでためている事が分かった。その事で、何年間にも渡って同僚の女子社員の横暴に耐えてきた私の怒りが爆発した。三年分の新聞を彼女の机の上に置いた。「ためた分はあなたの仕事なのだから、これは自分でやりなさい」。大量の新聞が一挙に机の上に落とされたので、私自身も驚くほどの凄まじい轟音が部屋中に響いた。部屋中の人が驚いて私の方を見た。「女の子に乱暴した」というのは時期的に考えても恐らくその事を言っているのだろう。確かに女子社員の机の上に乱暴に新聞を置いた覚えはある。そういう方法が良かったかどうかはともかくとして、そんな事でいちいち呼び出す方もおかしい。相手が誰で、私が何をしたのか教えられないのなら、私としても反省のしようが無いではないか。そもそも、私の言い分を聞かずに後輩の女子社員の言い分だけを一方的に聞くというのは、それこそ性差別だ。

馬鹿ＯＬは男子社員にとって迷惑なだけでなく、真面目に働いている女性にとっても迷惑な存在だ。馬鹿ＯＬの割合がどの程度いるのかは良く分からない。しかし、仮にＯＬ全体の一％に過ぎないとしても、腐ったみかんのように周りに悪い影響を与えるので、決して無視する事はできない。日本の企業に見られるような甘えた女子社員の存在は欧米の企業では全く聞いた事が無い。馬鹿ＯＬは日本の恥だ。直ちに排除しなければならない。

男女の休暇数を揃える

女性には男性と違い出産という大きな仕事があるから、雇用者は女子社員に対して出産や育児に関連する休暇を十分に与える必要はあるかもしれない。しかし、女子社員の方が男子社員よりしばしば休み、いつ長期休暇に入るのか分からないという事になると、雇用する側としては女性の方が男性より使いにくい労働力という事になってしまう。そのため、できれば女性をあまり雇いたくないと考える経営者が出て来る恐れがある。実際、女性には出産という男性にはない特殊な事情があるからこそ、女子社員の採用に対して難色を示す経営者も多いのだろう。この事は女性の社会進出を進める上で大きな障害になる。

では、働く女性に生じ得る出産というハンディを無くすためには、果たしてどのような対策が効果的なのだろうか。

それは、女性の社員に与えられている出産や育児に関連する平均的な休暇に匹敵する休暇を、男子社員にも与える事だ。そして、与えられた休暇を男子社員が積極的に消化できるような雰囲気やシステムをつくっていくのだ。女性に対してだけでなく、男性の残業や休日出勤などについてもやはり厳しく制限しなければならない。男性と女性の休暇日数や労働時間を少しでも近づけていく必要がある。

また、単に男性の休暇日数を増やすだけでなく、男性が与えられた休みをいつでも自由に使えるようなシステムにする事も必要だ。出産する時期を入社時に既に決めている女性は恐らくほとんどいないだろう。出産による休暇は計画的ではない場合がほとんどだ。となると、女子社員は出産によって不規則に休む事になる。だから原則として休暇は、男子社員が好きな時に取得できるような状態にしなければならない。会社の都合によって男子社員が休みを取得する時期を限定されたのでは、男女の休みの数が同じになったとしても、経営者としてはまだ男子社員の方が女子社員より使いやすいことになる。それでは、女性の方にまだハンディがあるという事になってしまう。

男女の休みの日数が同等で、男女共にいつでも自由に休めるようになれば、女性が出産によって生じるハンディを無くすることが出来る。そうすれば、経営者にも「女性は、あまり採用したくない。戦力となる社員は男性でなければ駄目だ」というようなこだわりはなくなるだろう。女性の解放に肝心なのは、女性を今以上に優遇することではない。男性がいつでも自由に長期休暇をとれるような状態にしておく事だ。

今まで、女性の解放というのは、女性の労働条件を良くする事であるというふうに考えてきた人が多い。女性の深夜労働を禁止するなど女性の労働時間や働く時間帯を制限したりする事が、女性の解放と思われてきた時期もあった。

しかし、むしろ、男性の労働条件を改善する事こそが、女性解放への道だ。

ローテーション制

女性の社会進出を阻んでいる大きな要因の一つとして、出産や育児がある。育児については男性でも女性の代わりはつとまるかもしれないが、出産については男性が女性に代わってやる事はできない。その点が、女性の社会進出を阻んできた大きな理由の一つであり、「男は仕事、女は家庭」という固定的な性別役割分担が生まれた大きな理由の一つでもある。

しかし、出産という事を除いては、現代の社会では男女の能力の差はほとんどないように思う。女性が外で仕事をして男性が家事を担当しても特に問題は無さそうだ。

出産の時期は、どうしても女性は仕事を休まなければならないだろう。その期間は男性に働いてもらう必要があるかもしれない。しかし、子供がある程度の年齢にまで成長してくると、母親が子供につきっきりでいる必要はなくなる。たとえ、母乳で育てるのが正解だとしても、授乳の時期が過ぎれば、特に母親が面倒を見る必要はない。親が家庭にいた方が子供の教育上好ましいとしても、家庭にいるのは必ずしも母親である必要はなくなってくる。

出産と育児によって生じるブランクは、人にもよるがせいぜい五年間くらいの期間ではないだろうか。仮に十年としても、人生の中では、短い期間に過ぎない。出産によって生じるブランクに対する策として、例えば、家事と仕事の分担を夫と妻のローテーションにしてはどうだろうか。最初の五年間は男性が仕事で女性が家事を担当する。次の五年間は女性が仕事で男性が家事を担当するという具合だ。間隔は五年にこだわる必要は無く、八年でも十年でも構わないし、必ずしも定期的に入れ替える必要も無いのだが、出産の時期に男性が働く期間が当たるようにすればよい。

今まで日本の企業では、男子社員は一つの会社で長い期間に渡って働くという慣行が一般的であった。戦後の日本式経営では、転職や中途入社が困難であり、女性の社会進出を阻む大きな要因にもなっていた。ローテーション制は転職が困難であった従来の日本の社会では馴染まなかったかもしれない。しかし、近年、終身雇用は実質的にはほとんど崩壊している。人によっては終身雇用などもともと存在しなかったという人もいるが、それはともかくとして、最近では転職が以前よりは容易になっている。

夫婦の役割分担にローテーション制を導入する事は、今の日本の社会ではさほど不自然ではないように思う。必要に応じて、夫と妻の役割を入れ替えてみてはどうだろうか。

あとがき

本書は女性に厳しく書いたので、女性の中には不愉快に思った人も多いのではないだろうか。「女性に対して無神経だ」、あるいは、「女性に復讐する事が目的ではないのか」と思った人がいるかもしれない。

私は男代表として本書を書いたわけではない。本書は女性を傷つける事や女性に対する復讐が目的ではないので、書くに当たって、女性が不快に感じないかという事に気を使った。私が過去に出版している本は全て同じ出版社で、担当者は女性なのだが、彼女に対して「原稿を読んで不愉快に感じませんでしたか。偏っていると思いますか」という質問をした。それに対して彼女は、「面白かったですよ。全く不愉快には感じませんでした」と答えた。「偏っていると思うか」という質問に対しては、偏っているともいないとも言わなかったが、「評論というのはある程度偏っていても構わないんじゃないですか」という返答があった。北海道の地方紙であるフロンティアタイムスの女性記者からも、同じ様な返事があった。女性に同意する人がいたという事で大いに勇気付けられた。

読者の中には本書が偏っているのではないかという感想を持った方がおられるかもしれない。私自身ももしかしたら偏っているのではないかというふうに考えている。人間はどうしても自分に甘く他人に厳しくなりがちだ。しかし、仮に本書が偏っていたとしても、それなりの存在意義はあると思う。今まで男性の側から性問題が語られる事は少なかったし、特に私のようなタイプの男性が性問題について語る事はほとんどなかった。男性にとっても女性にとっても、何らかの役に立つのではないかと思う。

男女平等《だんじょびょうどう》への道《みち》

古舘《ふるだて》　真《まこと》

明窓出版

平成十二年二月十五日初版発行
発行者――増本　利博
発行所――明窓出版株式会社
〒一六四―〇〇一二
東京都中野区本町六―二七―一三
電話　(〇三)三三八〇―八三〇三
FAX　(〇三)三三八〇―六四二四
振替　〇〇一六〇―一―一九二七六六
印刷所――株式会社　シナノ

ISBN4-89634-038-8

http://meisou.com Eメールmeisou@meisou.com